Das neue Ehrenamt

Erwartungen und Konsequenzen für die soziale Arbeit

von

Meike Peglow

Tectum Verlag
Marburg 2002

Die Deutsche Bibliothek - CIP-Einheitsaufnahme

Peglow, Meike:
Das neue Ehrenamt.
Erwartungen und Konsequenzen für die soziale Arbeit.
/ von Meike Peglow
- Marburg : Tectum Verlag, 2002
ISBN 978-3-8288-8398-7

Tectum Verlag
Marburg 2002

Inhaltsverzeichnis

1. Einleitung

Das Phänomen Ehrenamt hängt eng mit der sozialen Arbeit zusammen. Zum einen ist die berufliche soziale Arbeit aus dem Ehrenamt entstanden, zum anderen taucht das Ehrenamt noch heute in vielen Arbeitsfeldern der sozialen Arbeit auf. Dabei scheint gerade in der letzten Zeit die Bedeutung des Ehrenamtes für unsere Gesellschaft erkannt worden zu sein. Immer wieder taucht das ‚neue Ehrenamt' in Presse und Fachliteratur auf. Die Aussagen erscheinen jedoch widersprüchlich. Während auf der einen Seite eine entsolidarisierten Gesellschaft beklagt wird, wird auf der anderen Seite das hohe Potential an neuen Ehrenamtlichen gelobt. Sie werden angeführt als die bisher vernachlässigte und nun erst erkannte Rettung in der Not. Aber was kann das Ehrenamt wirklich? Wer sind die neuen Ehrenamtlichen? Was hat es mit Konzepten wie der Bürgerarbeit oder dem Kommunitarismus auf sich? Und wie sollte die soziale Arbeit mit den Ehrenamtlichen umgehen? Ist ehrenamtliche Arbeit womöglich besser?

Diese Fragen stellen nur einen Ausschnitt aus dem Spektrum der Fragen bezüglich des neuen Ehrenamtes in der aktuellen Diskussion dar. Aus diesem Spektrum ergab sich schließlich meine erkenntnisleitende Fragestellung für diese Arbeit: Welche Erwartungen werden in welchem Zusammenhang und mit welchen Konsequenzen für die soziale Arbeit an das neue Ehrenamt herangetragen?

Um zu einer Beantwortung dieser Fragestellung zu kommen, ist es zunächst notwendig, sich im zweiten Kapitel mit dem Phänomen Ehrenamt zu beschäftigen. In der Literatur tauchen diesbezüglich verschiedene Widersprüche auf. Diese Widersprüche äußern sich dahingehend, dass auf den ersten Blick keine allgemeingültige Definition oder Beschreibung des Ehrenamtes aufzufinden ist und über die Beteiligung der Bevölkerung an ehrenamtlicher Arbeit widersprüchliche Zahlen vorliegen, die zu unterschiedlichen Schlussfolgerungen der einzelnen Autoren führen. Eine geeignete Einschätzung der Erwartungen und Konsequenzen lässt sich demnach nur in Bezug auf eine relativ eindeutige Einschätzung dieser Fakten treffen oder muss zu dem Ergebnis führen, dass die Autoren die Zahlen nur zu der von ihnen gewünschten Interpretation heranziehen. Die historische Dimension soll dabei die Hintergründe der Entwicklung zu verstehen helfen. Weitere Momente, um dem Phänomen Ehrenamt, insbesondere dem neuen Ehrenamt, näher zu kommen, sind die Darstellung der Strukturmerkmale, der Besonderheiten des neuen Ehrenamtes sowie der gesellschaftlichen Bedeutung, die dem Ehrenamt in unserer heutigen Gesellschaft zukommt. Dabei lassen sich in der Literatur Einschätzungen von einem hohen gesellschaftlichen Stellenwert des Ehrenamtes bis zu einer Geringschätzung desselben finden. Wie verhält es sich demnach damit?

Von den verschiedenen Erwartungen, die an das Ehrenamt herangetragen werden und sich aus diversen Veröffentlichungen herauslesen lassen, werde ich im dritten Kapitel die wichtigsten herausgreifen und diskutieren.

Dabei handelt es sich um das Ehrenamt als Garant für Gemeinsinn, eine Erwartung, die insbesondere von kommunitaristischer Seite an das Ehrenamt herangetragen wird. Aus diesem Grund werde ich mich an dieser Stelle damit beschäftigen, was es mit dem Gemeinsinn und der kommunitaristischen Idee auf sich hat, um anschließend die Frage beantworten zu können, inwiefern das Ehrenamt einen Garanten für Gemeinsinn darstellt.

Das Ehrenamt als Alternative zur Erwerbsarbeit stellt eine weitere Erwartung an das Ehrenamt dar. Dies im Speziellen bezüglich des Konzeptes von Ulrich Beck, der neben der Erwerbs- und Hausarbeit eine weitere Form der Arbeit, die Bürgerarbeit, etablieren will. Dieses Konzept taucht in diversen Veröffentlichungen auf und findet sowohl Zuspruch als auch Kritik. Anhand der Erörterung dieses Konzeptes werden nachfolgend die Möglichkeiten und Grenzen des Ehrenamtes als Alternative zur Erwerbsarbeit aufgezeigt.

Die dritte Erwartung richtet sich an das Ehrenamt als Einsparpotential des Sozialstaates. Hierbei spielen die unterschiedlichen Kompetenzen von Ehrenamtlichen und hauptamtlichen Professionellen eine besondere Rolle.

Kann ehrenamtliche Arbeit hauptamtliche ersetzen und damit zu Einsparungen führen?

Im vierten Kapitel werden schließlich die Konsequenzen für die soziale Arbeit aus den vorangegangenen Kapiteln gezogen. Dabei soll ein geeignetes Konzept zur Arbeit mit Ehrenamtlichen erarbeitet und vorgestellt werden. Des Weiteren werden Empfehlungen für die beruflichen Helfer der sozialen Arbeit bezüglich der Zusammenarbeit von Ehren- und Hauptamtlichen gegeben.

Als Bearbeitungsmethode wurde von mir die Literaturrecherche gewählt, da über ehrenamtliche Arbeit bereits diverse Einzelstudien und interviewgestützte Arbeiten vorliegen. Deren jeweilige Einordnung in den Gesamtzusammenhang fällt jedoch schwer, da über das Ehrenamt im von mir gewählten Kontext kaum geeignete Übersichtsarbeiten vorliegen. Über das Ehrenamt liegen hingegen viele Veröffentlichungen in der Tagespresse, den Fachzeitschriften, dem Internet, in diversen Broschüren, Dokumentationen und Tagungsberichten sowie in Studien vor. Um mir einen Überblick über die sich in der momentanen Diskussion befindlichen Argumente zu verschaffen, wurden diese Publikationen gesichtet, jedoch wurden graue Literatur und Ergebnisse der Internetrecherche, aufgrund ihrer Oberflächlichkeit und punktuellen Meinungsbildung, nur bedingt in die Ausarbeitung der Arbeit miteinbezogen. Um dem aktuellen Thema und der Fülle der differenzierenden Äußerungen gerecht zu werden, wurde vielmehr ein Schwerpunkt auf die Verwendung von Fachzeitschriften gelegt, der durch das Thema ergänzende Studien jeweils erweitert wurde.

Aufgrund des Leseflusses wurde auf die weiblichen Endungen im Text verzichtet. Es ist aber gerade bei dieser Arbeit wichtig, darauf hinzuweisen, dass beide Geschlechter gemeint sind, da im Ehrenamt eine geschlechtsspezifische Aufgabenteilung vorliegt und die eigentlich in diesem Bereich tätigen, die Frauen, nicht ausgeblendet werden sollen.

Des Weiteren wird in dieser Arbeit nicht zwischen Sozialpädagogik und Sozialarbeit unterschieden, es sind jeweils beide Ausprägungen der beruflichen sozialen Arbeit angesprochen.

2. Das Ehrenamt

2.1 Begriffsdefinition

Eine einheitlich verwendete, eindeutige Definition des „Ehrenamtes" lässt sich in der Literatur nicht finden. Vielmehr gibt es verschiedene Umschreibungen des gleichen Phänomens, die in der momentan eifrig geführten Debatte zudem mit verschiedenen Bezeichnungen versehen werden. Beispiele für neue Termini sind „bürgerschaftliches Engagement", „Freiwilligendienst" oder „soziales Engagement".

Rauschenbach sieht das Problem der Definition vor allem in den drei Bereichen „...einer begrifflichen Diffusität und subjektiven Unklarheit, einer theoretisch-kategorialen Unterkomplexität, sowie eines möglichen Strukturwandels[1] des Phänomens ‚Ehrenamt'." (Rauschenbach 1999, 71).

Eine Zerlegung des Wortes in seine Bestandteile ‚Ehre' und ‚Amt' zur weiteren Definition scheitert an den veränderten Bedingungen, da das heutige Ehrenamt, und im Besonderen das soziale Ehrenamt, sich nicht mehr durch das ehrvolle Ausüben eines Amts auszeichnet (vgl. Gitter 1997, 3; Hieber 1992; Pankoke 1988).[2]

Das Ehrenamt taucht in vielen gesellschaftlichen Bereichen auf, in Politik, Kultur, Wissenschaft, Religion, Freizeit, Sport, Gesundheit und im Sozialen (vgl. Igl 1996, 5). Gitter unterscheidet zwischen öffentlichen (z.b. Bürgermeister), wirtschaftlichen (z.b. Betriebsrat), sozialen (s.u.) und sonstigen Ehrenämtern (z.b. Vereine, Interessensverbände) (vgl. Gitter 1997, 3).

---

[1] zum Strukturwandel des Ehrenamtes (das neue Ehrenamt) siehe Kapitel 2.6

[2] zur Entwicklung des Ehrenamtes siehe Kapitel 2.2

Kistler/Schäfer-Walkmann unterscheiden fünf Richtungen des Ehrenamtes: Soziales Ehrenamt, Eigenarbeit, Selbsthilfe, politische Beteiligung und ehrenamtliche Wahrnehmung öffentlicher Funktionen im Gemeinwesen (vgl. Kistler/Schäfer-Walkmann 1999a, 49).

Ich beziehe mich im Weiteren, soweit nichts anderes vermerkt ist, auf das soziale Ehrenamt. Diese Eingrenzung erweist sich teilweise jedoch als schwierig, da sich die meisten Untersuchungen und politischen Erwartungen auf das Ehrenamt im Allgemeinen beziehen.

Um das soziale Ehrenamt näher bestimmen zu können, stelle ich zunächst einige Definitionen vor, um dann auf generelle Merkmale, die in ähnlicher Form in allen Definitionen auftauchen, eingehen zu können.

In Fachlexika wird das soziale Ehrenamt wie folgt definiert:

„Ehrenamtlich/freiwillig Tätige sind Bürgerinnen und Bürger, die sich, ohne durch verwandtschaftliche Beziehungen oder durch ein Amt dazu verpflichtet zu sein, unentgeltlich oder gegen eine geringfügige Entschädigung, die weit unterhalb der tariflichen Vergütung liegt, für soziale Aufgaben zur Verfügung stellen." (Bock 1997, 241).

„Unter ehrenamtlichen Helfern werden Personen verstanden, die im Bereich der sozialen Arbeit in Verbindung mit einem öffentlichen sozialen Dienst oder einem Träger der freien Wohlfahrtspflege (Träger der sozialen Arbeit) freiwillig und unentgeltlich tätig werden." (Olk 1996, 150).

Nörber definiert das soziale Ehrenamt als „...unentgeltliches, in der Freizeit erbrachtes soziales Engagement für andere und/oder anderes." (Nörber 1999, 21). Eine m.E. gelungene zusammenfassende Definition zum sozialen Ehrenamt liefert Gaskin: „Es handelt sich um Aktivitäten oder eine Arbeit, die von einem Menschen aus freiem Willen zugunsten anderer Menschen (außerhalb der unmittelbaren Familie), ohne Bezahlung (allenfalls bis auf ein kleines Entgelt und/oder einem Ausgabenersatz) ausgeführt werden." (Gaskin/Smith/Paulwitz 1996, 31).

Aus diesen Definitionen lassen sich folgende das Ehrenamt beschreibende Merkmale herauslesen (vgl. Wessels 1994, 13f; Gitter 1997, 3ff):

- Freiwilligkeit

- Unentgeltlichkeit

- institutioneller Rahmen

- keine spezielle fachliche Qualifikation

- Solidarität

Darüber hinaus muss das Ehrenamt von der familialen Hilfe (Rollenverpflichtung), der professionellen Hilfe und der Selbsthilfe abgegrenzt werden. Allerdings gestaltet sich diese Abgrenzung schwierig. Olk schlägt dazu ein „Kontinuum" vor, von familialer Hilfe über Selbsthilfegruppen zu ehrenamtlich Tätigen und schließlich professionellen Helfern (vgl. Olk 1988, 20ff).

Die m.E. differenzierteste und treffendste Definition ist sicherlich der Versuch von Beher/Liebig/Rauschenbach, allerdings ist er dafür weniger konkret. Nach ihnen bewegt sich das Ehrenamt zwischen folgenden Polen:

unbezahlte Arbeit	⇔	bezahlte Arbeit
geringes zeitliches Engagement	⇔	erhebliches zeitliches Engagement
Engagement für sich	⇔	Engagement für andere
Engagement innerhalb des sozialen Nahraums	⇔	Engagement außerhalb des sozialen Nahraums

Arbeit ohne organisatorische Anbindung	⇔	Arbeit mit organisatorischer Anbindung
selbstbestimmtes Engagement	⇔	Übertragung von hoheitlichen Aufgaben
Arbeit ohne Qualifikation	⇔	Arbeit mit Qualifikation
personenbezogene Arbeit	⇔	sachbezogene Arbeit
einfache Mitgliedschaft	⇔	tätiges Engagement
formal legitimierte Funktionen	⇔	Nicht formal legitimierte Funktionen

Abb. 1: Pole der Ehrenamtlichkeit (vgl. Beher/Liebig/Rauschenbach 1998, 108)

Des Weiteren ist es notwendig sich mit der Debatte um eine neue Bezeichnung für eine sich gewandelte Tätigkeit auseinandersetzen (vgl. Kapitel 2.6). So spricht sich zum Beispiel Sass gegen eine Verwendung des Begriffes Ehrenamt aus (vgl. Sass 1998), während Notz in Bezug auf neue Begrifflichkeiten für das Ehrenamt von „altem Wein in neuen Schläuchen" (Notz 1998a, 50ff) spricht. Nörber hierzu: „...scheint hier ein vielfach als zentral für unsere Gesellschaft angesehener Bereich in unterschiedliche Begrifflichkeiten zu zerfasern." (Nörber 1999, 23). Im Übrigen haben die vielen Begriffe eher zu einer unnötigen Verwirrung als Klärung beigetragen.

Da sich bis jetzt noch kein Begriff mit einer klarer umrissenen Definition durchgesetzt hat und die aufgekommenen neuen Bezeichnungen meistens Symbole für unterschiedliche Richtungen in der Debatte um das neue Ehrenamt darstellen (vgl. Rauschenbach 1999, 69; Nörber 1999), werde ich weiterhin den Begriff Ehrenamt in meiner Arbeit verwenden. Wenn es um die sich gewandelten Strukturen geht, spreche ich vom neuen Ehrenamt.

2.2 Historische Entwicklung des Ehrenamtes

Die historische Entwicklung des Ehrenamtes ist eng mit der Entwicklung der professionellen sozialen Arbeit und der Selbsthilfe verwoben. Dabei verlief die Entwicklung nicht linear, sondern die einzelnen Bereiche entwickelten sich parallel mit einer gegenseitigen Beeinflussung. Aus diesem Grund ist eine Rückkehr zu historischen Gegebenheiten, z.B. zu einem ausschließlich auf ehrenamtlichen Leistungen basierendem sozialen System, nicht möglich (vgl. Sachße 1988, 51).

2.2.1 Die Entstehung des Ehrenamtes

Die ersten Ehrenämter gab es bereits im Mittelalter. Es waren Fürsten und Adelige, die Ämter in Gilden und Bruderschaften ausführten, die ihnen ‚Ehre' einbringen sollten. Später waren es ehrenwerte Männer aus dem Bürgertum, die in unbezahlten Ehrenämtern, z.B. als Laienrichter arbeiteten (vgl. Notz 1987, 22).

Festgeschrieben wurde das Ehrenamt das erste Mal mit den Stein-Hardenbergschen Reformen und der Preußischen Städteordnung aus dem Jahre 1808. Das erstarkende Bürgertum sollte die Möglichkeit der Mitbestimmung in kommunalen Angelegenheiten bekommen, damit es nicht zu Aufständen kommt (vgl. Notz 1987, 22ff). Allerdings war diese Möglichkeit nur für steuerzahlende, grundbesitzende und männliche Bürger gedacht. Eine weitere Voraussetzung war der tadellose Ruf des Geehrten (vgl. Hieber 1992). Das bürgerliche Ehrenamt weitete sich zunehmend aus. Frauen waren jedoch bis 1918 davon ausgeschlossen (vgl. Hieber 1992). Sie erhielten erst in diesem Jahr das Wahlrecht und damit zumindest die offizielle Möglichkeit zur Übernahme eines Ehrenamtes, dennoch waren sie weiterhin im Zugang zu Ehrenämtern benachteiligt (vgl. Hieber 1992).

Während Kistler/Schäfer-Walkmann eine Wurzel des Ehrenamtes in der 1808 durch die preußische Städteordnung entstandenen kommunalen

Selbstverwaltung sehen, verweisen sie zudem auf die Entwicklung des Vereinswesens als weitere Wurzel des Ehrenamts (vgl. Kistler/Schäfer-Walkmann 1999a, 49). Neben dem Ehrenamt in staatlichen Verwaltungen, der Rechtsprechung und der repräsentativen Willensbildung durch Wahl, entwickelten sich Ehrenämter in Vereinen mit gemeinnützigen, sozialen, mildtätigen und karitativen Zielen (vgl. Hieber 1992).

2.2.2 Die Entstehung des sozialen Ehrenamtes

Als infolge der zunehmenden Armut während der Industrialisierung die Hilfen der Kirchen und des Staates nicht mehr ausreichten, bildeten sich immer mehr Vereine, in denen das Ehrenamt nicht mehr durch die Ehre bestimmt war, sondern die Hilfe aus Nächstenliebe geschah (vgl. Hieber 1992, 4). Mit dem Elberfelder System (1853), wurde dieses „soziale Ehrenamt" auch von staatlicher Seite eingeführt. Für das Bürgertum bedeutete dieses Ehrenamt eine Kompensation ihres abnehmenden Einflusses, den sie bis dahin über das immer mehr an Attraktivität verlierende administrative Ehrenamt ausübten (vgl. Backes 1987, 20ff). Im Elberfelder System kümmerten sich ehrenamtliche, männliche Armenfürsorger um einen ihnen zugewiesenen Bezirk. Die Ehrenamtlichen sollten die Armenpflege der Gemeindeverwaltung übernehmen (vgl. Hieber 1992).

War das System am Anfang sehr lokal orientiert, mussten nun immer größer werdende Teile zentral organisiert werden. Aus diesem Grund und wegen der sich ausweitenden Armut wurde die Arbeit komplizierter und verlangte in immer größeren Maßen hauptamtliche Arbeitskräfte. Von nun an wurde die Arbeit in administrative Aufgaben, die von Hauptamtlichen geleistet wurden, und in fürsorgliche Aufgaben, die weiterhin die Ehrenamtlichen übernahmen, aufgeteilt (vgl. Backes 1987, 17ff).

Durch die zunehmende Herausbildung der sozialen Arbeit wurde das Ehrenamt immer weiter verdrängt. Nachdem sich in den ursprünglichen Tätigkeitsfeldern der Ehrenamtlichen die hauptamtliche Arbeit ausweitete, wanderte das Ehrenamt zu den Wertegemeinschaften. Es verlor seinen

Bezug zum Amt und entwickelte sich zur freiwilligen sozialen Hilfstätig-
keit (vgl. Sachße 1988, 54).

Ein weiterer Ursprung ehrenamtlicher Arbeit liegt in der Frauenbewegung
im 19. Jahrhundert, die eng mit dem Namen Alice Salomons[3] verbunden
ist. Hier erhielten bürgerliche Frauen das erste Mal die Möglichkeit sich
außerhalb ihrer Familie zu betätigen. Auch wenn es dabei um fürsorgende
Arbeiten ging, die mit dem ‚mütterlichen Wesen' der Frauen (vgl. Hieber
1992, 5) begründet wurden, stellte dies einen Beitrag zur Emanzipation dar
(vgl. Notz 1987, 22ff).

Es entwickelt sich ein Hilfesystem bestehend aus Kirchen, Staat und Vereinen und damit auch ein soziales Ehrenamt, das sich von dem ehrvollem
Ausüben eines staatlichen Amts unterscheidet (vgl. Sachße 1988). Jedoch
ist „die Trennung zwischen männlichen (Ehren-) Beamten und ‚freiwilli-
ger' unmittelbarer sozialer Wohlfahrtspflege, die hauptsächlich durch
Frauen geleistet wird, bis heute bestehen geblieben." (Notz 1987, 25).

2.2.3 Die Entwicklung nach 1950

Aufgrund des Ersten Weltkrieges verschlechterte sich die Lage der bürger-
lichen Schichten und damit auch die Bereitschaft ein Ehrenamt zu übernehmen. In der Weimarer Republik setzte sich immer mehr professionelle,
anstelle der ehrenamtlichen Arbeit, durch. Es entstand ein Gefälle (vgl.
Notz 1987, 32ff).

Mit der Zeit stellte sich heraus, dass die ehrenamtliche Hilfe nicht mehr
ausreicht, erste Professionalisierungstendenzen zeigten sich. „Trotz der
staatlichen Anstrengungen und der gegen Ende des Jahrhunderts allmählich
einsetzenden Professionalisierung sozialer Hilfe durch die entstehenden
Berufe der Sozialarbeit war auch noch am Ende der Weimarer Republik

---

[3] zur Person, sowie weiterführender Literatur vgl. Wessels 1994, 24ff

soziale Hilfetätigkeit eine Domäne ehrenamtlicher Mitarbeit" (Hieber 1992, 5).

In dieser Zeit wurde auch eine vermehrte ehrenamtliche Tätigkeit von Frauen gefordert, zum einen da sie ihre Arbeitsplätze den heimkehrenden Männern zur Verfügung stellen sollten, zum anderen da auf diese Weise der herrschenden Not kostengünstig begegnet werden konnte (vgl. Notz 1987, 25ff). Hieber sieht die Propagierung des Ehrenamtes in Folge der Weltwirtschaftskrise aus ökonomischen und ideologischen Gründen, als „Selbsthilfe im Dienst staatlicher Aufgaben" (Hieber 1992, 6).

Im Nationalsozialismus wurde daraus dann ein Zwang zur ehrenamtlichen Arbeit ‚zum Wohle des Volksganzen'. Angesprochen waren vor allem Frauen: „Das Mütterlichkeitskonzept wird ausgeweitet auf den Dienst am Volksganzen" (Backes 1987, 51).

Nach dem zweiten Weltkrieg wurde im Hinblick auf die soziale Arbeit wieder der Zustand der Weimarer Republik hergestellt. Die professionelle soziale Arbeit dominierte vor der Ehrenamtlichen, und die Rollenteilung herrschte weiterhin (vgl. Hieber 1992). Die Zahlen der Ehrenamtlichen waren rückläufig, wahrscheinlich weil „das Frauenleitbild dieser Jahre ein betont kleinfamilien-zentriertes war." (Backes 1987, 55). Notz begründet den Rückgang des Ehrenamtes mit dem steigenden Bedarf an Arbeitskräften während des Wirtschaftswunders, da in dieser Zeit auch verstärkt Frauen der Erwerbsarbeit nachgingen (vgl. Notz 1987, 32ff).

2.2.4 Die Entwicklung seit den siebziger Jahren

Im Zuge der weiteren Professionalisierung der sozialen Arbeit, vor allem in den siebziger Jahren, wurden Ehrenamtliche aufgrund der bestehenden Arbeitsteilung deklassiert und verdrängt (vgl. Backes 1987, 53ff). Da Frauen weiterhin verstärkt der Erwerbsarbeit nachgingen, und die ‚neue' Frauenbewegung die traditionelle Rolle der Frau als Hausfrau, Mutter und Ehrenamtliche kritisierte und nur Erwerbsarbeit als Mittel zur Emanzipation gelten ließ, schrumpfte die Zahl der Ehrenamtlichen nach wie vor (vgl. Backes 1987, 58ff). Folglich wurden immer mehr Bereiche der sozialen Arbeit professionalisiert (vgl. Notz 1987, 26f).

Mit der Wirtschaftskrise kam zudem auch die Krise der professionellen sozialen Arbeit. Die Wirksamkeit und Finanzierbarkeit der professionellen sozialen Dienste wurde in Frage gestellt. „In der sozialpolitischen Diskussion wird der Ruf nach mehr Familiensinn, Nachbarschaftshilfe und Ehrenamtlichkeit laut, das Thema ‚Ehrenamt' erhält wieder Brisanz." (Notz 1987, 37).

Über die weitere Entwicklung des Ehrenamtes liegen unterschiedliche, in ihrer Aussage nicht übereinstimmende Analysen vor. Auf dieses Problem werde ich im nächsten Unterpunkt näher eingehen.

2.3 Umfang des Ehrenamtes

Trotz der großen Bedeutung, die dem Ehrenamt in der heutigen Gesellschaft zukommt, gibt es zwar eine große Anzahl durchgeführter Einzelstudien, aber es liegen keine einheitlichen Untersuchungsergebnisse zum Ehrenamt in der Bevölkerung vor. Kausal dafür sind zum einen die verschiedenen Definitionen, die den Untersuchungen zugrunde liegen, und zum anderen die unterschiedlichen Interpretationen der Ergebnisse.

Folglich gibt es eine Reihe von Erhebungen, die Daten aus verschiedenen Bereichen liefern, aber über das Gesamtausmaß des Ehrenamts gibt es „...breit streuende, zum Teil sogar widersprüchliche Ergebnisse..." (Kistler/Schäfer-Walkmann 1999a, 52). In einem Vergleich verschiedener Erhebungen zum Ehrenamt von Rosenbladt (1999, 400) variiert die Zahl der Ehrenamtlichen zwischen 13 und 38 %. Zu den divergierenden Ergebnissen kommt es nach Rosenbladt, da die Randbereiche[4] des Ehrenamtes in den Studien nicht ausreichend benannt und erläutert werden. So ist für die Gesamtanzahl der Ehrenamtlichen z.B. entscheidend, ob nur Tätigkeiten mitgezählt werden, die regelmäßig erbracht werden oder ob kurze, intensive Tätigkeiten auch berücksichtigt werden.

Auch Rauschenbach bemerkt: "Insgesamt muss die Forschungslage zum Ehrenamt mithin – trotz der erstaunlich hohen Zahl an Einzelstudien – als unbefriedigend und defizitär bezeichnet werden." (Rauschenbach 1999, 72). Er moniert weiterhin, dass es durch eine Verflechtung von politischen Interessen, empirischer Forschung und Zeitdiagnose zu diffusen Ergebnissen kommt und spricht sich für eine klarere Trennung, sowie eine Vernetzung und Beachtung der verschiedenen Bereiche aus: „Die Folge der derzeitigen Ausgangslage – definitorisch kategoriale Unklarheiten, geringe Forschungsqualität, politische Instrumentalisierung der Thematik – ist, dass

---

[4] Er nennt folgende Bereiche: zeitliche Dimension, institutionelle Einbindung, Gemeinwohlorientierung und Unentgeltlichkeit (vgl. Rosenbladt 1999, 408).

die forschungsbezogenen Möglichkeiten, die im Grunde genommen in der gesellschaftlichen Dynamik dieser Thematik mehr oder weniger verschlüsselt liegen, gegenwärtig verfehlt werden, gewissermaßen ungenutzt bleiben" (Rauschenbach 1999, 74). Dagegen verweist Klages lediglich auf verschiedene zugrundeliegende Messkonzepte als Grund für die verschiedenen Ergebnisse der Studien, die in seinen Augen normal für eine beginnende Forschung sind (vgl. Klages 1999, 102).

Um dennoch Einschätzungen und weitere Folgerungen zum Ehrenamt vornehmen zu können, ist es jedoch unumgänglich, dass verlässliche Datengrundlagen zur Verfügung stehen. Aber obwohl gerade das für Folgerungen aus dem Strukturwandel des Ehrenamtes gilt, und damit auch für meine Arbeit elementar ist, „...wird entweder oftmals im Nebel gestochert oder einfach von subjektiven Erfahrungen und Vorstellungen auf die Gesamtheit ehrenamtlichen Engagements geschlossen" (Nörber 1997, 13).

Damit im Rahmen dieser Arbeit dennoch Aussagen zum Umfang, zur Struktur, zu den Motiven und der gesellschaftlichen Bedeutung des Ehrenamtes getroffen werden können, stütze ich mich auf die Ergebnisse der Sekundäranalyse von Beher/Liebig/Rauschenbach von 1998, die im Auftrag des Bundesministeriums für Familien, Senioren, Frauen und Jugend erstellt wurde[5].

Ähnlich den Werten über die Gesamtverteilung des Ehrenamtes differieren die Studien bei der Verteilung des Ehrenamtes in den alten und neuen Bundesländern. Zur Veranschaulichung dient folgende Tabelle:

---

[5] Zu den Problemen der Messkonzepte und Definitionen für empirische Studien dieses Themenkomplexes sei auf die Aufsatzsammlung von Kistler/Noll/Priller (1999) verwiesen.

Studie	Ost	West
Zeitbudget – Erhebung 1991[6]	9	20
Eurovol 1994[7]	24	16
Klages 1997[8]	35	39
Sozio-ökonomische Panel 1998[9]	25	35
John Hopkins 1996[10]	10	16

Abb. 2: Umfang des Ehrenamtes in der Bundesrepublik nach der Ost –West
- Verteilung (in %; vgl. Beher/Liebig/Rauschenbach 1998, 26; Ro-
senbladt 1999, 402)

Über die Entwicklung des Ehrenamtes liegen nur Zahlen des Sozio-
ökonomischen Panels (SOEP) vor, da es die einzige Studie ist, die fortlau-
fende Erhebungen vornahm. So ist die Zahl der Ehrenamtlichen von 25 %
im Jahre 1985 auf 35 % im Jahre 1996 gestiegen. Den größten Zuwachs
hatten kurzfristige Tätigkeiten, während sich regelmäßiges Engagement nur
geringfügig vergrößert hat (vgl. Beher/Liebig/Rauschenbach 1998, 27;
Heinze/Strünck 1999, 164)[11].

---

[6] vgl. Blanke/Ehling/Schwarz 1996

[7] vgl. Gaskin/Smith/Paulwitz 1996, auch zum europäischen Vergleich

[8] vgl. Klages 1998

[9] Die ursprünglichen Quellen der Daten des SOEP waren leider nicht auffindbar. Die
Zahlen von 1994 sind zitiert nach BMFSFJ 1996, 16 und Heinze/Strünck 1999, 164; die
Zahlen von 1998 nach Beher/Liebig/Rauschenbach 1998, 26.

[10] Auch hier war die Datenquelle nicht auffindbar, die Zahlen sind zitiert nach Rosenbladt 1999

[11] Wie wichtig es ist, primäre Quellen zu verwenden, wird aus diesen Zahlen deutlich,
da sie in den unterschiedlichen Publikationen in verschiedenen Nuancen auftauchen,
und das oftmals ohne jegliche Kennzeichnung ihrer Herkunft. Wie sind z.B. die 14%
einzuordnen, die das BMFSFJ für 1994 nennt? Weitet man die Einschränkungsgrenzen

2.4 Strukturmerkmale des Ehrenamtes

Trotz der bereits geschilderten Schwierigkeiten der empirischen Erfassung der Ehrenamtlichen zeichnet sich doch in allen Studien hinsichtlich der Struktur des Ehrenamtes ein ähnliches Bild ab. Heinze/Olk stellen dazu, in Bezug auf die Daten des SOEP, fest: „...dass der ‚durchschnittliche‘ ehren-amtlich Tätige im mittleren Lebensabschnitt ist, eine gute Ausbildung besitzt und in einer gehobenen Position erwerbstätig ist. Trotz einiger be-merkenswerter Wandlungsprozesse und ‚aufholender‘ Gruppen liegt hier eine Linie der Kontinuität: die Mittelschicht-Zentriertheit des Engage-ments." (Heinze/Olk 1999, 92).

Die häufigste ehrenamtliche Mitarbeit findet nach Beher/Liebig/Rau-schenbach im Bereich ‚Sport und Freizeit‘ statt. Den Sozialen Bereich sehen sie an zweiter Stelle, während die Bundesregierung den sozialen Bereich an erster Stelle führt[12]. Innerhalb des sozialen Bereichs arbeiten Ehrenamtliche in fast allen Bereichen mit, in denen auch professionelle Arbeit geleistet wird[13]. „Das soziale Ehrenamt ... umfasst soziale Arbeit mit Hilfebedürftigen als Betreuung, Beratung, Pflege und praktischer alltägli-cher (Haus-)Arbeit. Es ist auf die unmittelbaren menschlichen Bedürfnisse hin ausgerichtet." (Backes 1989, 108). Ehrenamtliche arbeiten meist in Verbindung mit einer Organisation. So in den sechs großen Wohlfahrtsver-bänden[14], Vereinen und zunehmend auch unabhängig in Initiativen oder ähnlichem (vgl. Beher/Liebig/Rauschenbach 1998, 56).

---

allerdings aus, wie Rosenbladt es aufzeigt (vgl. Rosenbladt 1999, 404), kommt man zu dem erwähnten Drittel der Bevölkerung, d.h. 29%, die Heinze/Strünck aufführen.

[12] wahrscheinlich aufgrund anderer Bereichsabgrenzungen

[13] etwa in Krankenhäusern, Schulen, Kirchengemeinden, Bahnhofsmissionen

[14] Deutsches Rotes Kreuz, Deutscher Caritasverband, Diakonisches Werk, Deutscher Paritätischer Wohlfahrtsverband, Zentrale Wohlfahrtsstelle der Juden in Deutschland, Arbeiterwohlfahrt.

Eine Vielzahl der im Bezug auf das soziale Ehrenamt angefertigten Studien behandelt die Themengebiete der Jugendverbände, der Altenhilfe und des weiblichen sozialen Ehrenamts, während andere Bereiche, die nicht weniger wichtig sind, bisher kaum Beachtung fanden (vgl. Beher/Liebig/Rauschenbach 1998, 56).

Auch die Studien zur geschlechtsspezifischen Verteilung des allgemeinen Ehrenamtes kommen zu unterschiedlichen Ergebnissen. Wie aus nachfolgender Abbildung ersichtlich, dominiert bei den meisten Studien der männliche Anteil der Ehrenamtlichen.

Studie	Frauen	Männer
Zeitbudget – Erhebung 1991	15	20
Braun/ Röhrig 1987	20	16
Eurovol 1994	17	18
Sozio-ökonomisches Panel 1994	22	32

Abb. 3: Ehrenamtliches Engagement in der BRD nach Geschlecht (in %)
(vgl. Beher/Liebig/Rauschenbach 1998, 31)

Dennoch sind sich die Autoren darüber einig, dass das soziale Ehrenamt weiblich ist, während Männer in politischen Ehrenämtern, Sportvereinen und Vorständen engagieren sind (vgl. Backes 1989, 108). Nach Hering sind zwei Drittel der Ehrenamtlichen im sozialen Bereich Frauen (vgl. Hering 1998, 3; ebenso Engels 1991, 115f). Auch innerhalb des sozialen Ehrenamtes besteht dabei vorwiegend eine Rollenteilung, d.h. Männer übernehmen leitende Funktionen, während Frauen die praktische Arbeit leisten (vgl. Backes 1989).

Einen weiteren Einfluss auf das ehrenamtliche Engagement hat der Bildungsstand, an diesem Punkt herrscht Einigkeit unter den Autoren. Mit steigendem Niveau der Schul-, sowie Berufsausbildung nimmt auch die Beteiligung an ehrenamtlichen Tätigkeiten zu (vgl. Beher/Liebig/ Rauschenbach 1998, 31). „Ehrenamt ist und bleibt...ein Tätigkeitsfeld für Personen mit mittlerer und höherer Bildung, gehobenen Berufen und Einkommen usw." (Kistler/Schäfer-Walkmann 1999a, 54). Heinze/Strünck bemerken allerdings, dass immer mehr arbeitslose Akademiker ein Ehrenamt übernehmen, um sich für eine Arbeitsstelle zu qualifizieren. Aus diesem Grund steigen die Zahlen derer, die sich trotz Arbeitslosigkeit ehrenamtlich engagieren (vgl. Heinze/Strünck 1999, 164).

Nicht ganz so einig ist man sich bei der Altersverteilung. Hier gehen einige Studien von Spitzen der Beteiligung zwischen 40 und 60 Jahren aus (vgl. Schwarz 1996), andere dagegen sehen die größte Beteiligung in der Altersgruppe unter 24 Jahren (vgl. Gaskin/Smith/Paulwitz 1996).

Das für die Ausübung eines Ehrenamtes Zeit vorhanden sein muss, bestätigen Gaskin/Smith/Paulwitz (1996), sowie Beher/Liebig/Rauschenbach (1998). Neben einer zeitlichen Ressource ist jedoch auch eine finanzielle Absicherung für die Aufnahme einer ehrenamtlichen Tätigkeit Voraussetzung (vgl. Rauschenbach/Müller/Otto 1988). Nach der Zeitbudget – Erhebung leben die meisten Ehrenamtlichen in einem Haushalt mit Kindern unter 18 Jahren (vgl. Schwarz 1996). Das Arbeitslose und Ruheständler seltener in ein Ehrenamt eingebunden sind, als es Voll- und Teilzeitbeschäftigte sind (vgl. Beher/Liebig/Rauschenbach 1998, 33; Schwarz 1996), liegt sicherlich daran, dass es auch einer gewissen sozialen Einbindung bedarf, um sich für ein Ehrenamt engagieren zu können (vgl. Schwarz 1996).

Über eventuell unausgeschöpfte Potentiale ehrenamtlicher Arbeit in der Bevölkerung liegen ebenfalls unterschiedliche Berichte vor (vgl. Beher/Liebig/Rauschenbach 1998). Wobei gerade dieser Punkt Anlass für mancherlei Hoffnung bezüglich der weiteren Entwicklung unserer Gesellschaft darstellt. Als Grund für Nicht-Engagement wird häufig die veraltete Arbeitsweise der großen Wohlfahrtsorganisationen angeführt, während sich

die Einstellungen der Ehrenamtlichen im Wandel befinden, d.h. der Ehrenamtliche trifft bewusst eine Entscheidung für welche Tätigkeit er sich in
welchem zeitlichen Rahmen einsetzen will (vgl. Beher/Liebig/Rauschen-
bach 1998).

Allerdings fällt es in Anbetracht der defizitären Forschungslage schwer, zur
Regelmäßigkeit des Ehrenamtes Aussagen zu machen. Generell wird ein
Trend beschrieben, weg vom Dauerengagement, hin zum kurzen, befriste-
ten, dafür womöglich intensiveren Engagement. Nach der SOEP Studie
waren 1994 14,9 % der Befragten regelmäßig und 7,6 % wöchentlich ehrenamtlich tätig. Dafür sind 15 % seltener in ein Ehrenamt eingebunden
(vgl. Heinze/Strünck 1999, 164). Schwarz (1996) kommt auf eine durchschnittliche Wochenarbeitszeit ohne Wegezeiten von 4 ½ Stunden, während Klages (1998) feststellt, dass 80 % der Ehrenamtlichen unter 5 Stunden in der Woche tätig sind. Es gibt dabei aber erhebliche Unterschiede, so
wird viel Zeit in kleine Initiativen gesteckt, während Ehrenamtliche in
großen Organisationen nur eine geringe monatliche Arbeitszeit investieren
(vgl. Klages 1998).

Bei den Ergebnissen muss zudem berücksichtigt werden, dass es unterschiedliche Beteiligungsgrade im Ehrenamt gibt. Dementsprechend gibt es
Ehrenamtliche, die häufig und in mehreren Bereichen engagiert sind, während andere in nur einem Bereich regelmäßig mitarbeiten, und wieder andere immer mal wieder in vielleicht unterschiedlichen Bereichen, und selbst
diese Beteiligungsmuster können sich bei den einzelnen Ehrenamtlichen im
Laufe der Zeit verändern.

Um dennoch ein Bild der Ehrenamtlichen zu bekommen, werde ich im
Folgenden die Typologisierungen von Evers und Notz darstellen. Evers
(1999, 53ff) benennt fünf Ausprägungen des Engagements mit jeweils
verschiedenen Motivbündeln:

• Erfolgsorientierte Selbstorganisationen und Selbsthilfe auf Gegenseitig-
keit (z.B. Kooperationsringe)

- Formen der Vermittlung stark individuell geprägter Hilfsbereitschaften unter Fremden (z.b. Vermittlungsbörsen)

- Hilfsbereitschaften im Rahmen vorhandener Gemeinschaftsbindungen (z.b. Nachbarschaft)

- Engagement, bei dem Mit-Bürgerschaft eine besondere Rolle spielt (z.b. Bürgerinitiativen)

- Engagement, bei dem eine Verlängerung oder Verbindung mit der beruflichen Tätigkeit eine besondere Rolle spielt

Notz hingegen beschreibt sechs Typen von Ehrenamtlichen (vgl. Notz 1987, 142ff)

- Frauen, die sich neben der Hausarbeit gesellschaftlich nützlich betätigen wollen, aber keine Erwerbsarbeit aufnehmen können aufgrund familiärer Belastungen.

- Hausfrauen zwischen 40 und 60 Jahren, die, nachdem die Kinder aus dem Haus sind, eine sinnvolle Betätigung suchen. Sie sind durch ihren Mann finanziell abgesichert.

- Rentner und Rentnerinnen, die sich noch sinnvoll und anerkannt engagieren wollen und durch ihre Rente abgesichert sind.

- Frauen und Männer, die unzufriedenstellende Bedingungen ihrer Erwerbsarbeit kompensieren möchten.

- Frauen und Männer, die durch das Ehrenamt Erfahrungen für den Beruf und Pluspunkte für die Bewerbung sammeln wollen.

- Arbeitslose Frauen und Männer, die sich durch das Ehrenamt eine Kompensation der Arbeitslosigkeit erhoffen, bzw. auf eine Erwerbsarbeitsstelle durch das Ehrenamt hoffen.

23

2.5 Motive und Ziele

Sichtet man die Literatur zu den Motiven, wird oft auf den Wandel in den Motiven hingewiesen. Während früher eher altruistische Motive eine Rolle spielten, sollen es nun mehr individuelle Motive sein. Die Frage ist allerdings, ob es überhaupt ein Engagement ohne persönliche Nutzensmotive gibt. „Engagieren sich Menschen in der einen oder anderen Weise, dann versprechen sie sich auch etwas davon. Zum Engagement gehört ein Sinnentwurf." (Wendt 1996, 13). Dementsprechend weist Notz darauf hin, dass selbst früher das Ehrenamt nicht nur aus reiner Nächstenliebe erbracht wurde (vgl. Notz 1987, 28).

Wenn ich nun im Folgenden Entwürfe zur Motivationsstruktur Ehrenamtlicher aufzeichne, dann kann das nur idealtypisch geschehen, da sich die individuellen Motivationen in der Regel als Motivationsmix darstellen. „Auch wenn die Diskurse getrennt laufen, so sind in der sozialen Wirklichkeit individuelles Nutzenkalkül, der Wunsch nach sozialer Anbindung, also Zugehörigkeit, sowie gemeinschaftsorientierte Motive häufig miteinander verwoben."(Heinze/Olk 1999, 85). Die Motive sind also abhängig von Persönlichkeit, den Lebensumständen und der Biographie des Einzelnen.

Übergeordnete Handlungsmotive nach Gaskin/Smith/Paulwitz sind soziale und politische Grundsätze, sowie religiöse und moralische Überzeugungen (vgl. Gaskin/Smith/Paulwitz 1996, 97ff). Hieber fügt der christlichen Verantwortung, dem Anstreben auf eine sozial gerechte und humane Gesellschaft noch die sinnvolle Freizeitbeschäftigung als Motiv hinzu (vgl. Hieber 1992, 9).

Demgegenüber trifft Evers eine allgemeinere Unterscheidung. Er konstatiert zwei Pole in der Diskussion um das Ehrenamt. Den einen Pol sieht er in einem liberal-individualistischen Verständnis von Engagement und den anderen Pol in einem Engagement unter dem Blickwinkel des Gemeinwesens (vgl. Evers 1999, 53ff).

Ähnlich den vorangegangenen Beschreibungen, nennt Klages folgende vier Motivationsgesichtspunkte: Gemeinschaftsorientierung, individuelle Verwirklichung, Bürgerpflicht und aktiv sein (vgl. Klages 1999, 105). Des Weiteren ergänzt er sie um die Motive, aufgrund derer das Engagement unterlassen wird. An dieser Stelle nennt er Anreizmangel, Problembelastungen, einen Informations- und Anstoßmangel sowie Zeitmangel (vgl. Klages 1999, 105).

Nach Haines sind die heutigen Motive für ehrenamtliches Arbeiten vor allem: „...die Freizeit sinnvoll mit anderen Menschen gemeinsam zu gestalten, Spaß und Freude zu haben, Anerkennung zu erfahren, Kenntnisse zu vertiefen und Fähigkeiten zu verbessern, Qualifikationen zu erwerben oder zu erweitern oder anderen zu helfen, um auch sich selbst zu helfen." (Haines 1998, 306).

Aufschlussreiche Erkenntnisse zu den Motiven der Jugendlichen im Alter von 12 bis 24 Jahren liefert die Shell Jugendstudie, danach ist die Bereitschaft sich zu Engagieren nach wie vor hoch. Als Motive werden hierfür genannt, dass es Spaß machen muss, dass man jederzeit wieder aussteigen kann, dass man mitbestimmen kann, dass man seine Fähigkeiten einbringen kann und dass das Ziel in angemessener Form erreicht wird. Erst ganz zum Schluss werden als Motive Geld und Freistellung von der Schule oder Arbeit genannt, und das, obwohl solche Arten der Anerkennung in der derzeitigen Diskussion oft gefordert werden (vgl. Jugendwerk der Deutschen Shell 1997, 325).

Zusammenfassend lassen sich demnach vier Motivationsgruppen herausstellen:

- Man fühlt sich Werten verpflichtet (praktizierte Nächstenliebe, Ehrenamt als Dienst- und Pflichterfüllung, Gemeinsinn)

- Durch das Ehrenamt soll die eigene Karriere gefördert werden (sozialer Aufstieg, gesellschaftliche Anerkennung)

- Ehrenamt als Suche nach biographischer Orientierung (um aus der eigenen Krise herauszukommen)

- Realisierung eigener Wünsche und Themen (Dinge, die im Beruf zu kurz kommen; Selbstentfaltung, Selbstverwirklichung)

Aber wie bereits erwähnt handelt es sich meistens um einen Motivationsmix. Demnach haben äußere Faktoren (vgl. Kapitel 2.4) ebenfalls Einfluss auf die jeweilige Motivation (vgl. Klages 1998). Zudem ergeben sich bei der Befragung der Ehrenamtlichen nach ihren Motiven Verzerrungen, da sie nicht als Außenseiter gelten wollen und deshalb eher gesellschaftlich anerkannte Motive nennen.

2.6 Das neue Ehrenamt

Beschäftigt man sich mit dem Ehrenamt, wird man zwangsläufig mit einem – wie auch immer gearteten – Wandel des Ehrenamts konfrontiert. Erste Anzeichen dieses Wandels zeichneten sich bereits Mitte der achtziger Jahre ab, als eine Krise des Ehrenamtes konstatiert wurde. Diese Krise lässt sich dadurch beschreiben, dass den großen Wohlfahrtsverbänden die Rekrutierung neuer Ehrenamtlicher zunehmend schwerer viel (vgl. Olk 1989).

Aber schon 1987 führte Olk aus, dass es sich nicht um einen generellen Rückgang des ehrenamtlichen Engagements in der Bevölkerung handelt, sondern dass sich das Ehrenamt lediglich in andere Bereiche verlagert, weg von den großen Wohlfahrtsverbänden, hin zu kleineren Projekten und Initiativen, da die Ehrenamtlichen der Bevormundung, Verrechtlichung und Bürokratisierung der großen Wohlfahrtsverbände entkommen wollen (vgl. Olk 1989, 8). Demgemäss befindet sich das Ehrenamt nicht in einer Krise, sondern es findet vielmehr ein Strukturwandel statt, der mit dem gesellschaftlichen Wandel konform geht (vgl. Olk 1987; Olk 1989). Olk verwendet fortan die Bezeichnung ‚neues Ehrenamt' zur Beschreibung der sich gewandelten Strukturen des Ehrenamtes.

Auch Heinze/Strünck beschreiben den Wandel des Ehrenamtes. Sie zeichnen den Wertewandel als Ursache: „Der Wertewandel hat Pflicht- und Akzeptanzwerte zugunsten von Präferenzen für Selbstverwirklichung, Selbsterfahrung, Weiterentwicklung der Persönlichkeit etc. aufgeweicht. Mutmaßlich sind die Strukturen formal organisierten Ehrenamtes zu starr für die daraus resultierenden Ansprüche an autonome Zeitgestaltung, zeitliche Befristung, Spontaneität etc." (Heinze/Strünck 1999, 163).

Eine anschauliche Zusammenfassung der Gründe für den Strukturwandel des Ehrenamtes liefert Notz:

- „zunehmende Individualisierung,

- ein Wertewandel, der in Richtung ,hedonistischer Moralen' tendiert

- ein Bedeutungsverlust traditioneller Gemeinschaften wie Familie, Nachbarschaft, Kirchengemeinde, Verbände und Vereine und damit einhergehend

- ein Zerfall gewachsener sozialer Netzwerke." (Notz 1998b, 313; ähnlich Olk 1989, 89).

Neben der Veränderung der Motive, sowie der zeitlichen und organisatorischen Strukturen, rechnet man dem neuen Ehrenamt veränderte Erwartungen an die ehrenamtliche Tätigkeit zu (vgl. Olk 1989). In diesem Zusammenhang wird auch der Ruf nach Anerkennungen laut, und zwar nicht nur ideeller, sondern auch finanzieller und persönlichkeitsbildender Art. So nach mehr Anleitung, Supervision, Fort- und Weiterbildung, Haftpflicht- und Sozialversicherung, Aufwandsentschädigung, Vergünstigungen bei öffentlichen Einrichtungen, Steuerabsetzbarkeit, Freistellung von der Arbeit, Berücksichtigung bei Bewerbungen und die Möglichkeit nicht mehr als Arbeitsloser dem Arbeitsmarkt vollständig zur Verfügung stehen zu müssen (vgl. z.B. Broschüren des BMFSFJ; Kistler/Schäfer-Walkmann 1999a; Gitter 1997).

Dass sich die Prioritäten der neuen Ehrenamtlichen gewandelt haben, stellt auch Haines fest: „Ehrenamtliche, die ohne Einfluss auf Inhalte und Gestaltung der Arbeit alles tun und die über einen langen Zeitraum hinweg viel Zeit investieren, werden immer seltener." (Haines 1998, 306). Olk hält dagegen ein Zusammenspiel der einzelnen Momente für kennzeichnend: „Das Interesse an der Bewältigung und Überwindung einer eigenen Problemsituation, soziale Gesinnung und politischer Veränderungswille gehen eine neuartige Verbindung ein." (Olk 1989, 9)[15].

---

[15] Inwieweit diese Verbindung nicht auch schon früher eine Rolle gespielt hat, kann an dieser Stelle nicht erörtert werden. Es handelt sich bei den Ausführungen zum neuen Ehrenamt von Olk wohl eher um Tendenzen die aufgezeigt werden, als dass von einem

Die neuen Strukturen des Ehrenamtes lassen sich demnach wie folgt umschreiben:

- Die Ehrenamtlichen wollen mehr autonome Zeitgestaltung, eine zeitliche Befristung, Spontaneität

- Die neuen Motive sind persönliche Betroffenheit, Mitwirkungsmöglichkeiten, Selbstverwirklichungsmöglichkeit, Selbsterfahrung, persönliche Weiterentwicklung

- Die Organisation geschieht in lokalen Zusammenhängen, in selbstbestimmten autonomen Organisationsformen

- Es bestehen Erwartungen an Anerkennung verschiedener Art.

Diese veränderten Strukturen des Ehrenamtes führten nun zu verschiedenen Diskussionen. Zum einen mussten sich die großen Wohlfahrtsverbände Gedanken über ihre organisatorischen Strukturen machen, zum anderen entstand ein reges Interesse der Politik, diesem neuen Ehrenamt gerecht zu werden und es zu fördern. Ob die aus diesem Grund initiierten Kampagnen immer hilfreich für eine gelungene Einbindung des Ehrenamtes in die Gesellschaft waren, wird angezweifelt: „Denn die vielen Kampagnen symbolischer Politik (wie der Tag des Ehrenamtes oder die Kampagne der ehemaligen Bundesfamilienministerin Nolte) verringern indirekt sogar die vorhandenen Potentiale, weil keine ausreichenden Angebote bereitstehen und sich die Interessenten dann enttäuscht und entmutigt wieder zurückziehen." (Heinze/Strünck 1999, 167).

Eine weitere in diesem Zusammenhang signifikante Entwicklung ist die Eröffnung diverser Freiwilligenzentren. Die Idee dieser Einrichtung kommt aus den USA[16], Großbritannien und den Niederlanden. In den genannten

---

grundlegenden Wandel, der sich bereits in der ganzen Gesellschaft vollzogen hat (wie dies von einigen Texten suggeriert wird), gesprochen werden kann.

[16] In den USA wird versucht, die Freiwilligen mehr zu ‚professionalisieren', d.h. fortzubilden, nicht jedoch hauptamtliche Arbeit durch ehrenamtlich zu ersetzen. Anzumerken

Ländern gehören Freiwilligenzentren oder –agenturen schon lange zu der Kultur der Ehrenamtlichkeit. Ihre Aufgabe ist es Ehrenamtliche (Freiwillige – Volunteers) zu vermitteln, Öffentlichkeitsarbeit zu betreiben, Fortbildungen anzubieten und auch die Strukturen der bestehenden Systeme zu verbessern (vgl. Heinze/Strünck 1999). "Das bedeutet für die deutsche Tradition des freiwilligen Engagements einen klaren Schnitt: weg von der verbandsorientierten Organisation, hin zur themenorientierten Organisation..." (Heinze/Strünck 1999, 167). Dennoch gibt es bereits über 15 Freiwilligenzentren der Caritas. Und obwohl die Freiwilligenzentren gerne von der Politik angepriesen werden, fließen nur selten finanzielle Mittel zu deren Förderung aus der öffentlichen Hand (vgl. Heinze/Strünck 1999).

Da es auch zur Ausprägung des neuen Ehrenamtes keine gesicherten empirischen Ergebnisse gibt, kann das konkrete Ausmaß des neuen Ehrenamtes nicht festgestellt werden. Da das neue Ehrenamt aber von keinem Autor angezweifelt wird, kann man davon ausgehen, dass es sich um einen allgemeinen Trend handelt. Ob er sich in der Form darstellt, in der ihn manche Politiker und Autoren gerne sehen, sei dahingestellt.

Heinze/Strünck (1999) konstatieren außerdem verschiedene Probleme, die speziell mit dem neuen Ehrenamt in Erscheinen treten. So ist es ihrer Ansicht nach fraglich, was mit den Bereichen und Tätigkeiten des ‚alten‘ Ehrenamtes geschehen soll, die von den neuen Ehrenamtlichen nicht mehr übernommen werden wollen. Des Weiteren sind gerade in sozialen Brennpunkten die Voraussetzungen für ehrenamtliches Engagement am schlechtesten (so werden Arbeitslose meist nur aktiv, wenn sie schon während ihrer Erwerbsarbeitszeit engagiert waren), gerade dort wird aber verstärkt Hilfe benötigt. Wer ist also für die Mobilisierung der neuen Potentiale

---

ist außerdem, dass sich in den verschiedenen Ländern jeweils verschiedene Kulturen der Freiwilligkeit entwickelt haben, vgl. Paulwitz 1988; Heinze/Strünck 1999; Streng 1997.

zuständig, und wie verlässlich sind ehrenamtliche Hilfen? Diesen Fragen wird in Kapitel drei nachgegangen.

2.7 Gesellschaftliche Bedeutung des Ehrenamtes

Wie bereits erwähnt, ist das Ehrenamt schon seit einiger Zeit Gegenstand einer lebhaft geführten Diskussion. Dabei sind die Beiträge oft stark vom jeweiligen Standpunkt geprägt, und diese Standpunkte sind so vielzählig, dass es schwer fällt sich ein Gesamtbild der Situation zu machen. Eine Ausnahme bildet dabei jedoch die Bedeutung, die dem Ehrenamt in unserer Gesellschaft zukommt. In den zahlreichen Broschüren, Tagungsberichten und weiteren Publikationen wird wiederholt auf die enorme Bedeutung des Ehrenamtes für unsere Gesellschaft hingewiesen, in diesem Punkt gehen die Meinungen konform, sie differieren jedoch, wenn es darum geht, aus der Einschätzung des Ehrenamtes Konsequenzen zu ziehen.

Schon im Vorwort der Antwort der Bundesregierung auf die Große Anfrage von 1996 wird auf die gesellschaftliche Bedeutung des Ehrenamtes hingewiesen: „...freiwilliges und ehrenamtliches Engagement ist Ausdruck gelebter Solidarität und praktizierter Subsidiarität. Es verdeutlicht den Zusammenhang von Freiheit und Verantwortung, wie es dem Selbstverständnis unseres Gemeinwesens entspricht. Ohne Ehrenamt ist ein freiheitlich demokratischer und sozialer Rechtsstaat nicht denkbar." (Bundesministerium für Familie, Senioren, Frauen und Jugend (BMFSFJ) 1996, 5). Dabei hängt die Qualität der Demokratie vom Grad der Beteiligung ab. Später heißt es: „Unsere Gesellschaft lebt von der ehrenamtlichen Tätigkeit." (BMFSFJ 1996, 7).

Auch die Einschätzung des Ehrenamtes von Haines betont die genannten Aspekte. „Ehrenamtliches Engagement ist für unsere Gesellschaft insgesamt, aber auch für ihre Individuen von unschätzbarem Wert...Sie bedeutet Teilhabe, Mitgestaltung und Mitwirkung, Nähe und Einflussnahme in allen Bereichen der Gesellschaft." (Haines 1998, 303). Ergänzend stellt sie heraus, dass durch das Ehrenamt eine Verbesserung der Lebensqualität aller erreicht wird, und dass im politischen Raum Einigkeit besteht, „dass dieses Engagement vom Staat gefördert werden sollte." (Haines 1998, 307).

Neben der Bedeutung des Ehrenamtes für die Gesellschaft, kommt dem Ehrenamt auch eine besondere Bedeutung im Hinblick auf den Sozialstaat zu. So ist „...das soziale Ehrenamt eine Stütze des Sozialstaates. Die beste staatliche Sozialordnung kann nicht auf praktizierte Nächstenliebe verzichten." (BMFSFJ 1996, 10). Oder bei Notz: „Ohne ehrenamtliche Arbeit würde das System der sozialen Dienste zusammenbrechen." (Notz 1998a, 312).

Damit eng verbunden ist die Bedeutung, die das Ehrenamt für die Wohlfahrtsverbände besitzt. Etwa 1,5 Millionen Ehrenamtliche sind bei den großen Wohlfahrtsverbänden engagiert (vgl. Beher/Liebig/

Rauschenbach 1998, 29). Weder die Verbände, noch der Sozialstaat wären ohne Ehrenamtliche in ihrem jetzigen Ausmaß finanzierbar. So betont auch die Antwort der Bundesregierung „...dass ohne Ehrenamt das Verbandswesen nicht denkbar sei." (BMFSFJ 1996,10). Außerdem wird auf eine Qualität der Ehrenamtlichen Arbeit hingewiesen, die durch professionelle Arbeit nicht zu erreichen wäre (vgl. BMFSFJ 1996,10), dies vor allem im Hinblick auf die Probleme mit einem verrechtlichten und inhumanen Dienstleistungssystem (vgl. Olk 1987, 84).

Ein weiterer Bereich, in dem das Ehrenamt eine Rolle spielt, ist der gesellschaftliche Zusammenhalt. In diesem Zusammenhang wird das Ehrenamt auch oft als soziales Kapital bezeichnet (vgl. Kistler/Noll/Priller 1999).

> „Das ehrenamtliche Engagement ist eine der Formen des Tätigwerdens für die Gesellschaft, die in erster Linie auf die soziale Dimension moderner Demokratien rekurrieren und denen für die gesellschaftliche Kohäsion weitreichende Bedeutung beigemessen wird: Gesellschaftliche Solidarität gilt noch immer als das tragende Fundament demokratische verfasster Staaten – und stellt sich gleichzeitig als eine der wesentlichen zu realisierenden Aufgaben." (Kistler/Schäfer-Walkmann 1999).

Auch vom Bundesministerium wird die Bedeutung für den gesellschaftlichen Zusammenhalt betont: „Durch freiwillige Arbeit in Vereinen, Organisationen und Initiativen erfahren, erlernen und praktizieren Menschen

Gemeinschaftsempfinden, Fairness, Toleranz, Einsatzfreude, Selbstdisziplin, Durchhaltevermögen – Werte und Tugenden, die für den Zusammenhalt der Gesellschaft von zentraler Bedeutung sind." (BMFSFJ 1996, 11). In diesem Zusammenhang weisen Heinze/Strünck aber bereits auf eine defizitäre Vermittlung der Norm ‚Freiwilligkeit' in Bildungs- und Ausbildungsinstitutionen hin, „...denn für das ‚soziale Kapital' von Regionen und Gesellschaften ist dieser Sektor weiterhin entscheidend, hier wird ‚Vertrauen' gebildet, das die Voraussetzung für neue Solidaritäten auch außerhalb des eigenen, umgrenzten Engagements schafft." (Heinze/Strünck 1999, 168).

Um das Ehrenamt in der momentanen Diskussion besser positionieren zu können, werden mehrere Möglichkeiten vorgeschlagen, dementsprechend beschreiben Heinze/Olk das neue Ehrenamt zuerst auf drei Ebenen:

- Mikroebene: Strukturwandel der Motivationsformen

- Mesoebene: Reaktionen auf den Wandel (Veränderungen bei den großen Wohlfahrtsverbänden, Gründung neuer Sozialprojekte, Freiwilligenagenturen)

- Makroebene: über die ‚Sozialkapital-Theorie' werden die ‚sozialintegrativen und demokratiestabilisierenden Effekte' ergründet (vgl. Heinze/Olk 1999, 87).

Im Anschluss unterscheiden sie zwei Pole der Diskussion:

„... so betont das dem Individualisierungs- und Modernisierungsdiskurs verpflichtete Leitbild in erster Linie den *input,* den Wandel von Motivationen und Formen des Engagements...sowohl kommunitaristische Varianten des bürgerschaftlichen Engagements als auch der von der Analyse zum Leitbild gewandelte „soziales Kapital"-Diskurs widmen sich hingegen primär dem *output,* den Funktionen und Effekten freiwilligen Engagements für das politische Gemeinwesen und die soziale Ordnung." (Heinze/Olk 1999, S.79).

Allerdings gibt es auch Stimmen, die die neuere Entwicklung um das Ehrenamt kritisch sehen, so weisen Kistler/Schäfer-Walkmann (1999a) und auch Beher/Liebig/Rauschenbach (1998, 9) auf eine mögliche Über-, aber auch Unterforderung des Ehrenamtes hin[17]. Überfordert sehen sie das Ehrenamt, wenn es als ‚sozialer Gesamtkitt' in Zeiten des Werteverfalls, der Entsolidarisierung, der Ausdifferenzierung der Lebensstile und der steigenden Kriminalität gelten soll, wenn es als ‚Bürgerarbeit' einen Ersatz für Erwerbsarbeit darstellen soll, wenn es Einsparpotentiale beherbergen soll, wenn es zu einer naiv selbstlosen, stabilen und fairen Gesellschaft beitragen soll, wenn es zur politischen Instrumentalisierung herangezogen wird und auch wenn es derart ausgenutzt wird, dass nur auf den Altruismus der Ehrenamtlichen gesetzt wird und ihnen kein Mitspracherecht

eingeräumt wird. Allerdings kann man das Ehrenamt auch unterfordern, nämlich wenn das Ehrenamt als Normalität hingenommen wird, aus finanziellen, ideologischen oder aufgrund eingefahrener Institutionen nicht gefördert wird.

Zur Überforderung des Ehrenamtes durch eine Instrumentalisierung als Ersatz-Erwerbsarbeit äußern sich auch Heinze/Strünck: „Die hohe Zahl von Berufstätigen unter den Engagierten, das Kalkül mancher Arbeitslosen, neue Qualifikationen zu gewinnen wie auch die Professionalisierung freiwilligen Engagements unterstreichen: Auch neue Formen freiwilligen Engagements stellen größtenteils eine Ergänzung und keine Alternative zur Erwerbsarbeit dar." (Heinze/Strünck 1999, 168)

Ebenso weist Backes dem sozialen Ehrenamt eine erhebliche Bedeutung zu, so spart der Staat Kosten, während das Niveau des Sozialstaats durch die hauptsächlich von Frauen erbrachten ehrenamtlichen Leistungen gehalten werden kann. Jedoch kritisiert sie, dass durch die Auslagerung der sozialen Leistungen in die Familie die hierarchische geschlechtliche Arbeitsteilung erhalten und noch weiter stabilisiert wird (vgl. Backes 1989). Trotz dieser ‚gesellschaftlichen Funktionalisierung' sehen Frauen im sozialen Ehrenamt aber weiterhin eine Alternative zur Erwerbsarbeit, obwohl

---

[17] Ähnliche Anmerkungen machte Olk schon 1987.

diese immer noch die einzige Möglichkeit einer existenzsichernden, unabhängigen Lebensform darstellt (vgl. Backes 1989).

Diese Gefahr sieht auch Notz, jedoch ist sie zuversichtlich, dass allein mit Imageförderung nichts erreicht werden kann:

> „‚Alte' und ‚neue' ehrenamtliche Arbeit sind in unserer immer kälter werdenden Ellbogengesellschaft unbedingt notwendig. Aber sie werden in der Zukunft nicht mehr fast ausschließlich von Frauen erbracht werden und schon gar nicht als Ersatz für bezahlte Arbeit geleistet werden können. Ehrenamtliche Arbeiterinnen wollen nicht einfach ‚in' und auch nicht ‚schick' sein. Sie wollen, dass ihre Arbeit sichtbar wird, dass dort, wo ehrenamtliche Arbeit entsteht, auch hauptamtliche geschaffen wird und dass beide Arbeitsbereiche, ehrenamtliche und hauptamtliche, egalitär unter den Geschlechtern verteilt werden." (Notz 1998b, 320).

Des Weiteren kritisiert Notz, dass versucht wird, durch die Aktivierung versteckter Potentiale ehrenamtlicher Mitarbeit, den Arbeitsmarkt zu entlasten, Sozialarbeit zum Nulltarif zu bekommen und etwas für mehr Solidarität und gegen die kalten Strukturen der verkrusteten Wohlfahrtsverbände und professioneller sozialer Arbeit zu tun (vgl. Notz 1998b, 312).

Wie aus den verschiedenen Meinungen ersichtlich ist, befindet sich das Ehrenamt in der aktuellen arbeitsmarktpolitischen, sozialpolitischen, geschlechterpolitischen und professionspolitischen Diskussion. Notz stellt in ihrem Aufsatz eine Auswahl der Konzepte vor, die im Rahmen dieser Diskussion auftauchen und sich auf das neue Ehrenamt beziehen. Das bekannteste ist sicherlich das Konzept der Bürgerarbeit von Ulrich Beck[18]. Mit dem dritten Sektor als Jobmaschine und als Garant für mehr Solidarität in der Gesellschaft befassen sich Arbeiten von Jeremy Rifkin, Anthony Giddens und Rupert Graf Strachwitz[19]. Der dritte Sektor beschreibt hier Tätigkeiten zwischen ‚Markt', ‚Staat' und sogenannten ‚informellen Netz-

---

[18] Eine ausführliche Erörterung dieses Konzepts folgt in Kapitel 3

[19] vgl. Rifkin (1995); Giddens (1997); Graf Strachwitz (1998)

werken'[20]. Rupert Graf Strachwitz (1998) bezeichnet den dritten Sektor in seinem Buch als ‚dritte Kraft‘, Rifkin geht noch weiter und warnt vor einer drohenden Armut und Gewaltbereitschaft, wenn diejenigen, die im Arbeitsmarkt nicht mehr benötigt werden, nicht beschäftigt werden. Vor diesem Hintergrund setzt er auf den dritten Sektor für die Opfer der dritten industriellen Revolution, die dort für Schattenlöhne beschäftigt werden sollen. Notz äußert sich hierzu wie folgt: „Die Arbeiten im dritten Sektor sind ganz überwiegend Reparaturarbeiten für die sozialen, gesundheitlichen, psychischen, kulturellen und ökologischen Schäden, die der erste Sektor produziert." (Notz 1998b).

Gemeinwirtschaftskonzepte, wie Tauschringe, tauchen bei Ullrich[21] auf. Infolge der mangelnden Erwerbsarbeit, setzt Ullrich auf genossenschaftliche, kommunale Tätigkeiten, d.h. mehr Nachbarschaftshilfe und Eigenarbeit (vgl. Notz 1998b).

Für Notz handelt es sich hierbei um keine neuen Konzepte, da Eigenarbeit und Ehrenamt schon lange existieren, durch die Konzepte sollen die bestehenden Verhältnisse vielmehr beibehalten werden (vgl. Notz 1998b).

---

[20] Zu den drei Steuerungsmodellen vgl. Kapitel 3.1

[21] vgl. Ullrich (1993)

2.8 Zusammenfassung

Das Ehrenamt ist ein momentan stark diskutiertes Phänomen. Dabei fehlt eine klare Definition des Begriffs, sowie eine Entscheidung für eine einheitliche Verwendung eines Begriffs. Die in der Diskussion vertretenen Bezeichnungen stellen meist Positionierungen in der Debatte um das neue Ehrenamt dar.

Im Laufe der historischen Entwicklung hat sich das Ehrenamt vom ehrvollen Ausüben eines Amts zu einem sozialen Ehrenamt entwickelt, das hauptsächlich von Frauen, in Anbindung an eine Organisation, ausgeführt wird. Die Motive für dieses Ehrenamt sind vielfältig, sie reichen von individuellen bis zu gemeinwohlorientierten Zielen. Hinsichtlich dieser Motive wird seit den achtziger Jahren ein Wandel konstatiert. Das sogenannte ‚neue Ehrenamt' zeichnet sich vor allem durch Selbstverwirklichungsmotive, zeitlich flexiblere Organisationsstrukturen und gestiegene Erwartungen auf Seiten der Ehrenamtlichen aus.

Diese neuen Strukturen zu erkennen und darauf zu reagieren versucht die aktuelle Diskussion, da sich die Autoren, was die Wichtigkeit und die Bedeutung des Ehrenamtes für unsere Gesellschaft angeht, einig sind. Ein Beispiel für neue Modelle und Wege zur Förderung des neuen Ehrenamtes sind die Freiwilligenzentren.

Es gibt allerdings auch kritische Stimmen. So wehrt man sich gegen eine Überforderung des Ehrenamtes vor allem in folgenden drei Punkten:

- Ehrenamt als sozialer Kitt gegen eine Entsolidarisierung der Gesellschaft

- Ehrenamt als Alternative zur Erwerbsarbeit (‚Bürgerarbeit')

- Ehrenamt als Sparpotential des Sozialstaats

Diese Erwartungen, die von einigen Seiten an das neue Ehrenamt herangetragen werden, werde ich im nächsten Kapitel erörtern.

3. Erwartungen an das neue Ehrenamt

Die Erwartungen, die an das Ehrenamt gestellt werden, resultieren aus verschiedenen Krisenerscheinungen. Konstatiert wird, dass sich der Sozialstaat, die Arbeit und demnach die ganze Gesellschaft in einer Krise befinden (vgl. Notz 1998a). Der Sozialstaat befindet sich in einer Krise, da er bei steigendem Bedarf an sozialen Leistungen, diesen aufgrund sinkender Einnahmen nicht mehr gerecht werden kann. Dabei steht er in Verruf, eine ‚Konsumentenmentalität‘ selbst hervorgerufen zu haben, und kommt dadurch zudem in Legitimationsnot. Die Einnahmen des Staats sinken, aufgrund der Koppelung an die ebenfalls geringer werdende Erwerbsarbeit und die damit verbundene Wirtschaftsförderung, die eine Senkung der Ausgaben für Soziales bewirkt. Aber auch die Arbeit ist in der Krise, es gibt immer mehr Menschen die arbeiten wollen und immer weniger existenzsichernde Arbeitsplätze, dementsprechend hoch sind die Arbeitslosenzahlen. Da in unserer Erwerbsarbeitsgesellschaft Arbeit nicht nur bei der Verteilung des Volkseinkommens eine zentrale Rolle spielt[22], hat eine steigende Arbeitslosigkeit auch Auswirkungen auf die Gesellschaft. Dementsprechend befindet auch sie sich in einer Krise. Es wird ein Mangel an Gemeinsinn und zunehmende Kriminalität beklagt.

Zentral ist die Frage der Steuerungsform. Sollen die sozialen Probleme durch Markt (Geld), Staat (Macht, Recht) oder die Gemeinschaft (Solidarität) gelöst werden? Die Grenzen des Marktes soll der Staat auffangen, und jetzt, da der Staat in der Krise scheint, wird mehr Gemeinschaft gefordert. Dabei bedingen sich die einzelnen Formen gegenseitig und es herrscht meistens ein ‚Steuerungsmix‘.

---

[22] Sondern ebenfalls einen zentralen Punkt im Leben des Einzelnen, sie vermittelt einen sozialen Status und an ihr hängt die Sicherung gegen soziale Risiken. Die Bedeutung der Erwerbsarbeit hat mit der Zeit immer mehr zugenommen. Heute führt Arbeitslosigkeit oft zu sozialer Ausgrenzung.

„Auseinandersetzungen um die konkrete Zusammensetzung des ‚Welfaremix‘, nach dem Motto ‚Wieviel Markt?‘, ‚Wieviel Staat?‘ oder auch der Ruf nach ‚Mehr Gemeinschaft und Solidarität‘ beherrschen dabei jedoch immer wieder die öffentliche Diskussion. Der Hintergrund dafür ist, dass in bestimmten historischen Perioden oder bei bestimmten Problemen ein Versagen oder eine Krise der jeweiligen Steuerungsmechanismen angenommen wurde bzw. wird." (Dingeldey 1997, 176).

Ehrenamt, das einen großen Teil des Bereichs Gemeinschaft ausmacht, wird dabei oft als ‚Deus ex Machina‘ angesehen, das bisher (von den Wohlfahrtsverbänden) nicht richtig gefördert und (von den Professionellen) verdrängt wurde. Aus diesem Grund drehen sich Konzepte zur Zukunft unserer Gesellschaft nicht zuletzt um das Ehrenamt. Ehrenamt soll den Gemeinsinn der Bevölkerung stärken, eine Alternative zur Erwerbsarbeit darstellen und den in Finanznot geratenen Sozialstaat entlasten.

Aufgrund der Komplexität und Vielschichtigkeit dieses Themas kann eine Erörterung - im gesetzten Rahmen und mit der vorgenommenen Untergliederung in drei Abschnitte - nur idealtypisch erfolgen. Evers unterscheidet zwei Richtungen in der Debatte um das neue Ehrenamt (vgl. Evers 1999, auch Heinze/Olk 1999). So wird Ehrenamt im Bezug auf das Gemeinwesen betrachtet oder liberal-individualistisch thematisiert. Stellvertretend für die erstgenannte Richtung wird im folgenden der Gemeinsinn in unserer Gesellschaft und die Debatte um den Kommunitarismus dargestellt. Für die zweitgenannte Richtung wird die Zukunft der Arbeit und das Konzept für Bürgerarbeit von Ulrich Beck in Einbindung in den Bericht der Kommission für Zukunftsfragen der Freistaaten Bayern und Sachsen erörtert.

Im dritten Unterpunkt soll dann nochmals gesondert auf das Verhältnis von Ehrenamt und Hauptamt eingegangen werden. Kann Ehrenamt professionelle soziale Arbeit ersetzen und damit dem Sozialstaat Kosten sparen?

Die Auswirkungen, die diese Einschätzungen für den Umgang von Professionellen mit Ehrenamtlichen haben, und wie das Ehrenamt gefördert werden sollte, werden im anschließenden Kapitel vier behandelt.

3.1 Erwartung an das neue Ehrenamt: Gemeinsinn

Wie wichtig das Ehrenamt für unsere Gesellschaft und im Speziellen für den gesellschaftlichen Zusammenhalt ist, wurde bereits in Kapitel 2.7 dargestellt.

Immer öfter wird eine entsolidarisierte Gesellschaft aufgrund zunehmender Individualisierung und Globalisierung konstatiert, aus diesem Grund wird verstärkt Gemeinsinn gefordert (vgl. Notz 1998b). In diesem Zusammenhang erhofft man sich vom neuen Ehrenamt, das erwiesenermaßen einen Beitrag zur Solidarität in unserer Gesellschaft darstellt, ein Gegenferment zur entsolidarisierten Gesellschaft zu schaffen (vgl. Kistler/Schäfer-Walkmann 1999a). Dementsprechend soll über eine Förderung des neuen Ehrenamtes auch der Gemeinsinn in unserer Gesellschaft gestärkt werden. Inwieweit diese Erwartung berechtigt ist und erfüllt werden kann, soll im Folgenden erörtert werden.

Zunächst muss der Begriff des Gemeinsinns näher präzisiert werden und gefragt werden, ob wir uns tatsächlich in einer entsolidarisierten Gesellschaft befinden. In diesem Zusammenhang wird die Frage nach einer kommunitaristischen Sozialpolitik relevant. Abschließend kann dann die Bedeutung, die das Ehrenamt für den Gemeinsinn in der Bevölkerung darstellt, und ob eine Förderung des Ehrenamtes auch eine Vermehrung des Gemeinsinns in der Gesellschaft bedeutet, herausgestellt werden.

3.1.1 Zum Gemeinsinn

Im Brockhaus wird Gemeinsinn als gesunder Menschenverstand definiert und als das Zusammengehörigkeitsgefühl innerhalb einer Gruppe (Familie, Gemeinde, Staat), das sich als Handlungsbereitschaft zugunsten des Gemeinwohls äußert (vgl. Brockhaus 1989). Weitere verwendete Begriffe im Zusammenhang mit den Erwartungen an das Ehrenamt sind Sozialkapital, gesellschaftlicher Zusammenhalt und Solidarität. Ähnlich wie es sich mit dem Ehrenamt verhält, werden diese Begriffe oft unreflektiert und inflationär verwendet[23].

Im gesellschaftlichen Zusammenhang und der Diskussion um Steuerungsmodelle, lässt sich Solidarität zu dem Steuerungsmodell ‚Gemeinschaft‘ neben Markt und Staat zählen (vgl. Dingeldey 1997). Diese Solidaritäten äußern sich z.B. in Sozialversicherungen, Initiativen, Projekten, Wohlfahrtsverbänden und im Ehrenamt.

Nach gegebener Definition und im Vergleich zu Kapitel 2.1 lässt sich also das Ehrenamt unter den Begriff des Gemeinsinns subsumieren: „Freiwilliges Engagement ist demnach ein Katalysator für neue Vergesellschaftungsformen und Netzwerke jenseits der Erwerbsarbeit. Die Gesamtheit solcher Netzwerke und Engagementformen begreift man auch in der Bundesrepublik immer stärker als ‚soziales Kapital‘“ (Heinze/Olk 1999, 86)[24]. Allerdings bedeutet dies nicht, dass nur durch das Ehrenamt Gemeinsinn vermittelt wird, sondern etwa auch durch die Familie, Vereine, Betriebe, Nachbarschaft, Gemeinde, u.a. (vgl. Immerfall 1999; Dingeldey 1997). Ebenso war ersichtlich, dass gerade das neue Ehrenamt nicht nur Handeln im Sinne von Gemeinsinn ist, sondern sehr wohl auch eigennützig erfolgen kann, etwa um Qualifikationen für den späteren Beruf zu sammeln (vgl. Kapitel 2.6): „Denn nicht jedes individuelle Engagement ist unmittelbar gemeinwohlorientiert oder auf solidarische Effekte gemünzt.“ (Heinze/Olk 1999, 87). Dennoch sehen Heinze/Olk auch aus diesem Engagement Auswirkungen für den sozialen Zusammenhalt erwachsen.

---

[23] An dieser Stelle ist aufgrund des gesetzten Rahmens keine ausführliche Definition der einzelnen Begriffe möglich, deshalb werden im Folgenden die Begriffe synonym verwendet, wobei unter Sozialkapital auch verantwortungsfördernde Netzwerke zu fassen sind.

[24] Zur Sozialkapital Theorie und zum ‚Bowling-alone‘ Symptom siehe entsprechende Veröffentlichungen von Robert D. Putnam

Als eigentlicher ‚Geburtsort‘ des Gemeinsinns wird oft auf die Familie verwiesen (vgl. Ottersbach/Yildiz 1997, 303f; Wessels 1994, 143ff). Des Weiteren wird jedoch angemerkt, dass Gemeinsinn auch im weiteren sozialen Umfeld entstehen kann (vgl. Wessels 1994, 146f).

Für Notz sind Frauen „...die Produzentinnen des Gemeinsinns. Das hat erhebliche Folgen für ihre Lebens- und Arbeitsplanung. Denn mit ‚Gemeinsinn‘ in Verbindung gebrachte Arbeiten werden zwar ideell aufgewertet, materiell jedoch nicht vergütet.“ (Notz 1997, 28). Mit einer Förderung des Gemeinsinns verbindet sie eine verstärkte Zurückführung und Anbindung der Frauen an ‚Kinder, Küche, Kirche‘. Auch der erweiterte Arbeitsbegriff (vgl. Kapitel 3.2), der neben der Erwerbsarbeit die mit Gemeinsinn verbundene Arbeit würdigt, wird in diesem Sinne missbraucht, da lediglich darauf hingewiesen wird, wie wichtig die Arbeit ist und dass sie aus diesem Grund unbezahlbar und nicht durch berufliche Arbeit substituierbar wäre. „Zudem wird mit dieser Art von Moralisierung versucht, Versäumnisse des politischen, gesellschaftlichen und wirtschaftlichen Lebens Frauen zuzurechnen und sie als für den Gemeinsinn zuständige Gruppe zu disqualifizieren.“ (Notz 1997, 29).

Offe unterscheidet zwei Arten, in denen Gemeinsinn zum Tragen kommt, einerseits in bestehenden sozialen Gemeinschaften, wie Gemeinden (kommunitaristisch[25]), andererseits spontan und ‚tiefe Differenzen von Status, Identität und Interesse‘ überbrückend. „Im letzteren Falle würden wir von ‚zivilgesellschaftlichen‘ Dispositionen sprechen, die nicht nur innerhalb, sondern auch zwischen Gruppen mit ihren eingelebten Traditionen und Normen kooperatives Handeln motivieren können.“ (Offe 1999, 115).

---

[25] zum Kommunitarismus siehe 3.1.3

3.1.2 Die entsolidarisierte Gesellschaft

In verschiedenen Publikationen wird auf eine ‚entsolidarisierte‘ oder ‚autistische‘ Gesellschaft (vgl. Lempp 1996) hingewiesen. Dabei sind sich die Autoren bei den Gründen relativ einig, bewerten diese jedoch unterschiedlich, so wird einerseits ein Mangel an Solidarität und andererseits lediglich eine Verschiebung der Formen und Bereiche von Solidarität, ohne die bedrohliche Perspektive einer egoistischen Gesellschaft, konstatiert. Da sich Solidarität oder Gemeinsinn in einer Gesellschaft nur schwer messen lassen (vgl. Kistler/Noll/Priller 1999), kann man davon ausgehen, dass zu keinem genannten Standpunkt gesicherte Ergebnisse vorliegen[26].

Als übergeordnete Gründe für mangelnden Gemeinsinn und damit einhergehenden Egoismus, nennt Hradil folgende Gründe: Die Pluralisierung der Lebensformen (anstatt der ‚normalen‘ Familie gibt es immer mehr Alleinerziehende, Singles, etc.), die Ausdifferenzierung von Lebensphasen (es gibt nicht mehr ‚die‘ Kindheit, sondern Biographien müssen individuell gestaltet und gegebenenfalls umgestellt werden), den Wertewandel (Selbstverwirklichung anstelle von Pflichtbewusstsein), die Pluralisierung sozialer Milieus (es gibt nicht nur zwei Klassen, sondern mehrere verschiedene Milieus), die multikulturelle Einwanderungsgesellschaft (es entwickelt sich keine Solidarität zwischen den verschiedenen ethnischen Gruppen) und die Pluralisierung der Lebensstile (Individualisierung) (vgl. Hradil 1996). Wobei die populärsten Erklärungsmuster die Individualisierung und die Auflösung der Familie sind: „Mit dem Reißen der ehemals ‚gesicherten‘ Familienbande wird Individualisierung, Singularisierung, Pluralisierung und der Verfall von mit der Familie in Verbindung gebrachten Tugenden und Gewissheiten, wie ‚Gemeinsinn‘, Verpflichtung, Disziplin, Tradition, Verbindlichkeiten und Fleiß, beklagt." (Notz 1997, 27f).

---

[26] oder jeder beliebige Standpunkt mit Einzeluntersuchungen belegt werden kann.

Nach Offe können die Ursachen für einen Verlust des Gemeinsinns „...in einer Schwächung jener Institutionen (z.B. Familie, Schule, Religionsgemeinschaften) gesucht werden, welche die Normen kooperationsorientierten Verhaltens von Generationen zu Generationen weitergeben." (Offe 1999, 114), begründen ließe sich diese Schwächung mit einem Einstellungs- und Wahrnehmungswandel.

In diesem Zusammenhang werden auch die traditionellen, bürokratisierten und professionalisierten Einrichtungen und Dienste des sozialen Sektors kritisiert. Sie werden als zu kalt und unmenschlich empfunden (vgl. Notz 1998a). Auch die Solidargemeinschaft der Sozialversicherten und Steuerzahler wird angezweifelt, immer mehr ,Wohlfahrtsschmarotzer' tauchen auf (vgl. Dingeldey 1997; Kapitel 3.3.1).

Einige Autoren sehen in den genannten Faktoren jedoch keinen generellen Verlust, sondern lediglich einen Wandel der Formen und Bereiche, in denen der Gemeinsinn in Erscheinung tritt. Ein Beleg für diese Argumentation ist der bereits erörterte Wandel - nicht Verlust - des Ehrenamtes als einer Form von solidarischem Handeln (vgl. Dingeldey 1997; Kapitel 2.6).

Auch Heinze/Olk sprechen sich gegen eine Gesellschaft der Egoisten aus:

> „Die Pauschalbehauptung einer sich stabilisierenden Ego-Gesellschaft lässt sich nicht belegen, wenn man den Wertewandel an die tatsächlich Struktur der sozialen Kontakte knüpft. Der Soziologe Thomas Gensicke (1994) hat bei solchen Untersuchungen den Negativ-Mythos von der Ellbogen- und Erlebnisgesellschaft nicht stützen können" (Heinze/Olk 1999, 82).

Ebenso negieren Ottersbach/Yildiz eine egoistische Gesellschaft: „Die häufige Überrepräsentation der Erscheinungsformen der Entsolidarisierung und des Hedonismus ist empirisch nicht nachweisbar." (Ottersbach/Yildiz 1997, 303).

Dementsprechend kann auch die Behauptung, dass die Familie und im Besonderen die Frauen Schuld am Schwinden des Gemeinsinns und damit der steigenden Jugendkriminalität sind (vgl. Notz 1998b), die oft von kommunitaristischer und staatlicher Seite durchschimmert, nicht gehalten werden. „Es sind eben nicht alle Jugendlichen, die aus einem irgendwie imaginierten Norm- oder Wertverlust zu rassistischen Gewalttaten neigen, sondern Jugendliche verhalten sich trotz gleicher Problemlagen doch sehr facettenreich." (Ottersbach/Yildiz 1997, 303). Notz betont zudem, dass es auch in ‚traditionellen' Familien zu Gewalt und Unterdrückung kommt, und in diesen Fällen die Funktion der Familie als Entstehungsort des Gemeinsinns fraglich ist (vgl. Notz 1998b).

Durch die Individualisierung der Frau und ihrer vermehrten Erwerbstätigkeit bleiben Arbeiten in der Familie liegen, die auch von den Männern nicht übernommen werden. Sie verlagern sich nach außen, wo sie allerdings aufgrund leerer Kassen auch nicht vom Staat übernommen werden. Vielmehr werden weiterhin sozialstaatliche Mittel zurückgeschraubt (vgl. Notz 1998b; Wessels 1994, 143ff). Um diese Löcher zu füllen, wird dann nach mehr Gemeinsinn und ehrenamtlichen Engagement gerufen. „Auch der konservative Bezug zur Kleinfamilie ist ganz entsprechend einer konservativen Politikbewertung bereits im Diskurs des Desintegrationstheorems angelegt. Die Familie erscheint in diesen Analysen als der eigentliche Hort gesellschaftlichen Zusammenhalts." (Ottersbach/Yildiz 1997, 303).

Dementsprechend soll die Kernfamilie restauriert werden und nicht für eine gerechte Umverteilung von Verantwortung zwischen den Geschlechtern gesorgt werden (vgl. Notz 1998b). Zu ähnlichen Schlussfolgerungen kommen auch Ottersbach/Yildiz:

> „Dies ist nicht nur eine...Verklärung der Kleinfamilie zur ‚Bastion eines neuen Antifaschismus', sondern passt auch nahtlos in das Konzept konservativer Politiker, die die familiäre Gemeinschaft stärken wollen, um die tatsächlichen sozialpolitischen Gründe der gesellschaftlichen Problemlagen wie ungerechte Reichtumsverteilung, zunehmende Arbeitslosigkeit, fehlende Ausbildungsplätze, fehlende oder entwertete Schulabschlüsse etc. nicht sehen und vor allem nicht bearbeiten zu müssen." (Ottersbach /Yildiz 1997, 304).

Dabei verschwindet Solidarität nicht, sondern es tun sich lediglich neue Formen auf. So sieht Hradil die Zukunftsaussichten optimistisch, da sich trotz der geschilderten Gründe für eine egoistische Gesellschaft neue Formen der Solidarität und Bereitschaft des Mitwirkens auftun (z.B. Alleinerziehendengruppen, gemeinsinnorientierte Projekte im Rentenalter). Auch durch den Wertewandel hat sich keine rein egoistische Gesellschaft herausgebildet, da sich z.b. im Ehrenamt neue Motive für Beteiligung entwickelt haben (vgl. Hradil 1996, auch Heinze/Olk 1999).

Wessels konstatiert ebenfalls eine Zunahme der Bedeutung von z.B. Freunden. „Gegenüber den traditionellen, gewachsenen Formen der Vergemeinschaftung gewinnen neue Formen, vor allen Dingen selbstgewählte Gemeinschaften, an Bedeutung...Solidarisches Handeln ist also auch in einer individualistischen Gesellschaft zu finden, nur haben sich Form und Inhalt geändert." (Wessels 1994, 149).

3.1.3 Kommunitarismus

Trotz der geschilderten Zweifel an dem Bestehen einer entsolidarisierten Gesellschaft machen die Kommunitaristen diese zum Ausgangspunkt ihrer Kritik am bestehenden gesellschaftlichen System.

Der Kommunitarismus entwickelte sich in den achtziger Jahren in Amerika aus der Frage, wie dem Mangel an Gemeinsinn begegnet werden könnte (vgl. Günther 1997, 325). „Zudem gäbe es eine über von allen geteilte Werte und Normen integrierte gemeinsame politische Kultur in der Moderne nicht mehr." (Ottersbach/Yildiz 1997, 291). Die kommunitaristische Bewegung, in der es viele Richtungen und Ausformungen gibt, richtete sich vor allem gegen den von Reagan vertretenen Liberalismus. Es wird ein ‚zu viel' an Liberalismus und eine falsch betriebene Wohlfahrtspolitik beklagt.

> „Die Zerstörung natürlicher Gemeinschaften der Familie, der Nachbarschaft, sowie des Betriebes hätten auch gesamtgesellschaftliche Folgen gehabt: Die öffentliche Moral, der Gedanke an das Gemein-

wohl, die Pflege der Bürgertugenden seien vernachlässigt worden. Infolgedessen hätten sich ein grassierender Egoismus und ein falsch verstandenes Verhältnis von Rechtsbewusstsein und Pflichterfüllung sowie ein *radical individualism* herausgebildet, der in letzter Konsequenz jeden Versuch, die Gemeinschaft zu stärken, als freiheitsfeindlich diffamiere." (Günther 1997, 326).

Kommunitaristen sind der Meinung, dass eine moderne, gerechte Gesellschaft „nur unter Rückgriff auf einen gemeinsamen Horizont gemeinschaftlich geteilter Werte möglich ist, während Liberale darauf verweisen, dass angesichts des modernen Wertepluralismus nur eine Orientierung am Prinzip gleicher Rechte und Freiheiten möglich ist." (Otterbach/Yildiz 1997, 292).

Das Ehrenamt nimmt im Kommunitarismus eine zentrale Rolle ein, denn „Ziel ist eine Steigerung des bürgerschaftlichen Engagements für politische und soziale Ziele zum Wohle der ‚Gemeinschaft'" (Dingeldey 1997, 179). Dabei wird auf die Gemeinschaft und die traditionellen Bindungen besonderen Wert gelegt, des Weiteren sollen die lokalen Zusammenhänge gestärkt und sich auf die Solidarität des Einzelnen bezogen werden (vgl. Dingeldey 1997). „So fordern Kommunitarier einen schlanken, entbürokratisierten, aber gleichermaßen erstarkten Staat, ein Zurücktreten der organisierten Interessen der *power groups* zugunsten des staatlich organisierten Gemeinwohls und eine strikte Einhaltung der Prinzipien der Subsidiarität." (Günther 1997, 327).

Vertreter des Kommunitarismus sind Michael Walzer, Amitai Etzioni und Benjamin Barber. Walzer (1995) verdichtet kommunitaristische und zivilgesellschaftliche Ideen zu einer Wohlfahrtsgesellschaft in der zwei wesentlichen Schritte notwendig sind: Die Bürger sollen an Entscheidungen beteiligt werden und sich auch an der Erbringung der Wohlfahrtsdienste beteiligen (vgl. Walzer 1995, 42ff). Es wird auf die verdeckten Potentiale des neuen Ehrenamtes, das hier den Namen bürgerschaftliches Engagement bekommt, hingewiesen. Freiwilligenzentren sind dabei ein Wegbereiter zur Wohlfahrtsgesellschaft (vgl. Dingeldey 1997).

Kommunitarismus und zivilgesellschaftliche Konzepte stehen hoch im Kurs der sozialpolitischen Diskussion und erhalten Zustimmung aus allen politischen Richtungen (vgl. Reinert 1997). „Kommunitaristisches Denken scheint für sich genommen gegensätzliche politische Akteure in wesentlichen Punkten zu vereinigen." (Günther 1997, 325). Sie sind allerdings auch recht undifferenziert: „Kommunitarier bewegen sich in ihren Bestimmungsgründen in einem historischen und politischen Balanceakt zwischen Traditionalismus und Modernität, zwischen christlich konservativer Sozialphilosophie und sozialliberalen Politikansätzen. Die Kommunitarier behalten es sich vor, als vereinigende, übergreifende soziale Bewegung eindeutige politische Festlegungen von sich zu weisen." (Günther 1997, 326).

Die Kritik am Kommunitarismus macht sich vor allem an der undifferenzierten Verwendung des Begriffs ‚Gemeinschaft' fest (vgl. Notz 1998b, Ottersbach/Yildiz 1997; Günther1997). Günther beruft sich auf die Ausarbeitung der Begriffe Gemeinschaft und Gesellschaft nach Tönnies. Demzufolge wäre die Gemeinschaft ein historischen Typ, ein ‚organisch gewachsenes Ganzes', das mehr ist als die jeweilige Summe seiner Teile, während sich die Gesellschaft aus dem „planmäßigen Aufeinanderabstimmen des Denkens und Handelns einer Mehrzahl von Individuen, die sich aus der gemeinsamen Verwirklichung eines bestimmten Zweckes einen persönlichen Nutzen errechnen" (Fuchs u.a. 1978, 259) zusammensetzt (vgl. Günther 1997). Demnach würde ein Rückgriff auf die Gemeinschaft unserer heutigen pluralistischen Gesellschaft nicht mehr entsprechen, der ‚substantielle' Konsens der Gemeinschaft wird in unserer heutigen Gesellschaft vielmehr durch den ‚prozeduralen' Konsens der Demokratie ersetzt (vgl. Günther 1997; Ottersbach/Yildiz 1997, 291). „Daher ist die Forderung der Kommunitaristen nach der Identifikation der Individuen mit einer Gemeinschaft, ja die ‚Konstitutionierung des Selbst durch die Gemeinschaft' als Einschränkung individuellen Handelns durch gemeinschaftlich definierte Normen zu verstehen." (Ottersbach/Yildiz 1997, 299). Dennoch ist der Bezug auf die Gemeinschaft populär: „Der Bezug zur Gemeinschaft liefert eine scheinbar standfeste ideologische Grundlage, die den Abbau wohlfahrtsstaatlicher Maßnahmen – im Interesse des Gemeinwohls – rechtfertigt." (Günther 1997, 328). Denn durch den Abbau staatlicher Leistungen sollen die Bürger zu mehr Eigenengagement motiviert werden (vgl. Hummel 1995). Dabei hat der bisherige Abbau der sozialstaatlichen Leistungen mit zur Krise des Gemeinsinns beigetragen (vgl. Ottersbach/Yildiz 1997, 301).

Ein weiterer Kritikpunkt ist der Ausschluss bestimmter Bevölkerungsteile durch den Rückgriff auf die gemeinschaftlichen Werte. „Unsere These ist, dass mit dem Transfer kommunitaristischer Argumente in die Politik gesellschaftliche Probleme ethnisiert, darüber hinaus ethnische Minoritäten exkludiert und ihre Existenz in der BRD gefährdet werden." (Ottersbach/Yildiz 1997, 293). Dadurch wird dann auch das Projekt der pluralistischen Demokratie gefährdet. Des Weiteren wird die einseitige und pessimistische Sichtweise der Kommunitaristen auf die moderne Gesellschaft kritisiert und in diesem Zusammenhang Kommunitarismus als eine romantische Vorstellung einer heilen Welt angesehen (vgl. Ottersbach/Yildiz 1997).

Auch Notz moniert, dass die Gemeinsinndebatte keine genaue Definition beinhaltet und dadurch Aus- und Abgrenzungen möglich werden, sowie die eigentlichen Probleme ausgeblendet werden.

> „Die Angst vor der Bedrohung durch den Verlust konservativer Werte führt zu deren Glorifizierung. Eine Kritik an der bestehenden patriarchalen und kapitalistischen Gesellschaftsordnung unterbleibt. Durch mehr Mitmenschlichkeit (ausgehend von einem Geschlecht!) sollen bestehende Ungleichheiten angenehmer gestaltet und damit auch besser ertragen werden können, ohne dass an den Wurzeln der Ungleichheit gerüttelt würde." (Notz 1997, 28).

Festzuhalten ist demnach, dass ein radikaler Kommunitarismus aufgrund der genannten Kritikpunkte auszuschließen ist (vgl. Ottersbach/Yildiz 1997). Die positiven Aspekte der kommunitaristischen Idee lassen sich zudem auch in einer pluralistischen Demokratie finden, da zivilgesellschaftliche Fortschritte Aushandlungsergebnisse einer ‚alltäglichen Moderne' sind (vgl. Alheit 1994). Demnach ist ersichtlich, dass eine Demokratie gleichzeitig liberal und kommunitaristisch ist (vgl. Ottersbach/Yildiz 1997).

„Die ‚kommunitaristische Option' erscheint daher nützlich vor allem als empirische Möglichkeit. Würde sie zur ethnischen Forderung, ginge die Einsicht verloren, dass erst der demokratische Rechtsstaat und der durch ihn verbürgte prinzipiell universalistische Zugang zu den Menschenrechten eine Kommunitarität garantiert, die Repression ausschließt." (Alheit 1994, 604).

3.1.4 Das Ehrenamt als Garant für mehr Gemeinsinn

Im Kapitel 2.7 wurde gezeigt, wie wichtig das Ehrenamt für den gesellschaftlichen Zusammenhalt ist. Ganz wichtig anzumerken ist jedoch, dass es neben dem Ehrenamt auch weitere Formen gibt, in denen sich Gemeinsinn äußert, und dass das Ehrenamt nicht notwendigerweise Handeln im Sinne des Gemeinsinns darstellt.

Demzufolge bedeutet eine direkte Förderung des Ehrenamtes nicht unbedingt eine Vermehrung des Gemeinsinns in der Bevölkerung und Versuche, den Gemeinsinn zu fördern, sollten nicht nur das Ehrenamt betreffen. Des Weiteren ist die Förderung von Gemeinsinn nicht einfach, da es sich hierbei um eine soziale Norm oder Disposition handelt. Folglich wäre eine Verpflichtung z.B. als Dienstjahr kontraproduktiv, da man Gemeinsinn nicht ‚verordnen' kann[27]. Dennoch trägt eine behutsame Förderung des Ehrenamtes, und keine Instrumentalisierung desselben zur Stärkung des Gemeinsinns in der Bevölkerung bei. Die These der entsolidarisierten Gesellschaft ist dabei umstritten, nach Reinert tritt sie nur aufgrund des schnellen sozialen Wandels und der Finanzkrise des Sozialstaates in den Vordergrund. Dennoch dürfte deutlich sein, „...dass die Lösung der gegenwärtigen Dilemmata weder in einer Rückkehr zur traditionellen Gemein-

---

[27] Für ein Pflichtjahr sprechen sich z.B. Walzer (1995) und Fink (1990, 62ff) aus, die Kontraproduktivität belegen z.B. Eberhard (1999) und Wessels (1994).

schaft alter Art noch in verquasten Kampagnen zur Förderung des Ehrenamtes bestehen kann." (Reinert 1997, 21).

Notz setzt dementsprechend zur Stärkung des Gemeinsinns in der Bevölkerung auf Modelle wie Wohngemeinschaften und Alten-Service-Zentren als neue Orte des Gemeinsinns: „Feministischer Gemeinsinn gründet sich auf Individuen, die auf Solidarität ausgerichtet sind und die durch überschaubare soziale Einheiten und Lebensgemeinschaften zusammenfinden.... Notwendig wird die Schaffung öffentlicher Räume, für alle Bereiche menschlicher Arbeit und menschlichen Lebens... als Voraussetzung gesellschaftlicher Kommunikation unter den Menschen." (Notz 1997, 33). Weiterhin entscheidend ist die Möglichkeiten der Mitwirkung und Mitbestimmung: „Menschen können

Verantwortungsbewusstsein nur dann entwickeln, wenn sie auch Gelegenheit haben, Verantwortung auszuüben." (Reinert 1997, 23). Das wiederum bedeutet eine reformierte und transparentere Politik (vgl. Leif 1998).

Dass eine einfache Förderung des Ehrenamtes nicht ausreicht, um Gemeinsinn herzustellen, zeigt Günther in seiner Kritik des Kommunitarismus: *„Gemeinschaftliche Verbindungen* sind, wie man ihnen gegenüber auch eingestellt sein mag, nicht durch voluntaristische Beschwörungsformeln wiederherzustellen. *Gemeinschaftliche* Moral bzw. Sitte kann nicht wie ein mechanisches Konstrukt erfunden und produziert werden." (Günther 1997, 332).

Gegen einen Rückzug des Sozialstaates und eine direkte Förderung spricht sich auch Immerfall aus: „Der Versuch, soziales Kapital direkt herbeiführen zu wollen, ist nicht nur zum Scheitern verurteilt, sondern kann kontraproduktiv wirken." (Immerfall 1999, 126).

Auch für Heinze/Olk ist klar, „...dass neue Engagementformen die Verluste an sozialem Kapital nicht ohne weiteres werden kompensieren können. Eine simple Gleichsetzung von Mitgliedschaft in sekundären Assoziationen und einer entsprechenden Mehrung bzw. Stabilisierung des sozialen Kapitals wäre kurzschlüssig." (Heinze/Olk 1999, 88)

Offe setzt, nach der Beurteilung einiger Konzepte zur Förderung des Sozialkapitals, auf ‚weiche' Konzepte. Folglich hält er eine etatistische (Engagement durch Zwangsbeteiligung oder ökonomische Anreize), marktlibertäre (Engagement durch Abbau der Sozialleistungen) oder korporatistische (Engagement durch Förderung traditioneller Träger) sowie eine Förderung des Sozialkapitals durch ‚Propaganda für soziales Engagement' für wenig sinnvoll. Im Gegensatz zu diesen ‚aktivistischen' Methoden, sieht er bessere Aussichten in indirekten und ‚weichen' Fördermöglichkeiten:

> „Sie operieren mit (z.b. vereins- und stiftungsrechtlichen) Instrumenten der Ermutigung kooperativen Handelns und schaffen generalisierte Gelegenheiten für die Aktivierung der entsprechenden sozialmoralischen Dispositionen, ohne dabei spezifische Domänen oder bestimmte Träger zu privilegieren. Beispiele für solche Politikmuster wäre die öffentliche, jedoch an Auflagen und Vorschriften nicht gebundene Bereitstellung von Infrastruktur (und, d.Verf.)... Informationsdienstleistungen wie z.B. Vermittlungsbörsen..." (Offe 1999, 119).

Auch Dingeldey ist der Meinung, dass das Ehrenamt Gemeinsinn in die Bevölkerung hinträgt, dass es aber gewisser Rahmenbedingungen bedarf, so spricht sie den Erfolg bereits existierender Vermittlungsstellen an und betont, dass es Initiatoren bedarf, die die Förderung aufrecht erhalten. „Unter den Bedingungen moderner Gesellschaften ist bürgerschaftliches Engagement damit zwar eine wichtige, aber eine nur begrenzt eigenständige Steuerungsform. Sie bedarf zunehmend der Initiierung und der Regulierung, d.h. der Ergänzung und Förderung, durch staatliche Steuerung." (Dingeldey 1997, 187).

Wessels fasst es m.E. gelungen zusammen:

> „Die Möglichkeit zur gleichberechtigten Partizipation in überschaubaren Zusammenhängen böte eine Chance zur Entwicklung von Gemeinsinn und zur Identitätsbildung. Von einem freiwilligen Engagement in der sozialen Arbeit, sei es nun in Zusammenhang mit einem

freiwilligen sozialen Jahr, dem Engagement in der Selbsthilfe oder auch im Ehrenamt, könnten wichtige sinnstiftende Impulse ausgehen. Nur müssten die Individuen das Gefühl haben, die Entscheidung zum sozialem Engagement selbstbestimmt und aus eigenem Antrieb getroffen zu haben und hier die Möglichkeit zu wirklicher Partizipation zu haben. Mit anderen Worten, es müsste sich um ehrenamtliches Engagement in einer zeitgemäßen Form handeln." (Wessels 1994, 151).

Wie diese zeitgemäße Form des Ehrenamtes aussehen könnte, wird in Kapitel vier dargestellt.

3.2 Erwartung an das neue Ehrenamt: Bürgerarbeit

Um die Frage klären zu können, ob das Ehrenamt eine Alternative zur Erwerbsarbeit darstellen kann, werde ich zunächst der Frage nachgehen, wie es um die Zukunft der Arbeit in Deutschland aussieht. Dabei können lediglich einige Meinungen zum Thema dargestellt werden, da für eine ausführliche Darstellung aufgrund der Fülle an Publikationen zu diesem Thema der Platz fehlt, dennoch finde ich es wichtig an dieser Stelle über das Thema zu informieren. Im Weiteren folgt die Darstellung des Konzepts der Bürgerarbeit von Ulrich Beck, sowie seine Verortung im Vorschlagkatalog der Zukunftskommission der Freistaaten Bayern und Sachsen. Die Kritiken an diesem Konzept sollen im nächsten Unterpunkt behandelt werden, daran schließt sich eine allgemeine Einschätzung des Ehrenamtes als Alternative zur Erwerbsarbeit und der sich daraus ergebenden Konsequenzen an.

3.2.1 Die Zukunft der Arbeit

Erwerbsarbeit hat in unserer Gesellschaft eine wichtige Position, deshalb wird die Entwicklung der Arbeitslosigkeit von vielen Seiten beobachtet und analysiert. Dementsprechend viele Publikationen existieren derzeit über die Zukunft der Arbeit. Die Prognosen reichen von einer erneuten Vollbeschäftigung[28] bis zum ‚Ende der Arbeit' (vgl. Rifkin 1995). Da die meisten Autoren davon ausgehen, dass eine Vollbeschäftigung nicht mehr zu errei-

---

[28] Wobei der Begriff ‚Vollbeschäftigung' unterschiedlich definiert wird, so wird ein gewisser, schwankender Anteil an Arbeitslosen auch in der Vollbeschäftigung als ‚normal' angesehen.

chen ist[29] und diese Annahme zum Blick auf das Ehrenamt führt, werde ich mich im folgenden darauf beziehen.

Der Grund für die steigende Arbeitslosigkeit liegt zum einen an den geringer werdenden Arbeitsplätzen und zum anderen an der immer größer werdenden Anzahl von Menschen, die arbeiten wollen (vgl. Kommission für Zukunftsfragen der Freistaaten Bayern und Sachsen (Kommission) 1996). Die Anzahl der Arbeitsplätze nimmt ab, aufgrund eines Produktivitätsfortschritts (Wissen und Kapital ersetzt Arbeit) und aufgrund der Globalisierung (internationale Arbeitsteilung aufgrund größerer Konkurrenz; Deregulierung aufgrund der Standortfrage) (vgl. Kommission 1996).

Dagegen nimmt der Anteil der Bevölkerung, die einer Arbeit nachgehen will, aus folgenden Gründen zu: Erstens aufgrund des demographischen Wandels, zweitens aufgrund der Umwandlung von Vollzeit- in Teilzeitstellen und geringfügige Beschäftigungsverhältnisse (infolge der Globalisierung) die zur Sicherung der Existenz eines Haushaltes allein oft nicht ausreichen, und drittens aufgrund der steigenden Frauenerwerbsneigung, resultierend aus der Individualisierung der Frauen, der Notwendigkeit des Zuverdienens von Frauen aufgrund einkommensschwacher Haushalte und der Erosion der Familie, die damit den Frauen keine eigene soziale Sicherheit mehr bietet (vgl. Kommission 1996). Im zweiten Teil des Kommissionsberichtes wird dagegen nur noch auf die Frauenerwerbsbeteiligung verwiesen: „Während das Arbeitsvolumen stetig abnimmt, stieg in Deutschland bis in neueste Zeit der Erwerbspersonenanteil an. Dieser Anstieg wurde bewirkt durch die zunehmende Erwerbsbeteiligung von Frauen." (Kommission 1997a, 6).

Notz kritisiert die weitere Darstellung der Kommission über die Frauenerwerbsneigung: „In der Bundesrepublik Deutschland ist es die gestiegene

---

[29] Es sei denn durch sinnloses Herstellen von unnötigen Produkten oder einer Beschäftigung aller unterhalb des Existenzminimums. Auch eine Lösung des Problems durch den demographischen Wandel wird kritisch gesehen (vgl. Hradil 1996; Stecker 1998).

(West) oder ungebrochene (Ost) Erwerbsneigung der Frauen, die rezipiert wird, als seien die Frauen mit einer unheilbaren (Ost) oder ansteckenden Krankheit (West) geschlagen." (Notz 1998c, 19).

Ein weiterer Grund für Arbeitslosigkeit ist die Missmatch-Problematik, d.h. dass die Arbeitsuchenden zuviel erwarten und keine anstrengenden und belastenden Arbeiten übernehmen wollen, für die dann Zuwanderer benötigt werden (vgl. Kommission 1997a). Stecker versteht unter der Missmatch-Problematik, dass die Arbeitsuchenden zu gering oder im falschen Bereich qualifiziert sind (vgl. Stecker 1998)[30]. Folgen dieser Entwicklung sind eine Zunahme an Teilzeitarbeit und geringfügiger Beschäftigung, des Weiteren eine Deregulierung der Arbeitnehmerrechte und eine Flexibilisierung der Arbeitskräfte aufgrund der Globalisierung. Durch diese Entwicklung wird die soziale Sicherung und die Verteilung des allgemeinen Wohlstands gefährdet:

> „Damit verliert die Erwerbsarbeit zunehmend ihre Funktion, die abhängig Beschäftigten während und nach ihrer Erwerbstätigkeit an der allgemeinen Wohlstandsentwicklung teilhaben zu lassen. Wenn dies gewährleistet bleiben soll, müssen der Erwerbsbevölkerung neue Wege zum Volkseinkommen erschlossen werden. Eine Möglichkeit ist der verbesserte Zugang zu Kapital." (Kommission 1996, 12; 1997a, 7)[31].

Auf die geschlechtsspezifischen, ökonomischen, ökologischen und politischen Auswirkungen der Globalisierung kann an dieser Stelle nicht näher eingegangen werden (vgl. Beck 1998; Notz 1998c; Wichterling 1998). Jedoch wird die Spaltung zwischen Arm und Reich in der Bevölkerung

---

[30] vgl. auch die aktuelle Debatte um die Werbung ausländischer Informatikspezialisten, da der Nachfrage auf dem deutschen Arbeitsmarkt nicht mehr nachgekommen werden kann.

[31] kritische Positionen zu den Vorschlägen der Kommission, siehe auch Kistler/Schönwälder 1998; Wagner 1998

vergrößert, es entstehen ‚working poor', die sich trotz Arbeit unterhalb der Armutsgrenze befinden. Die Kommission nimmt diese Spaltung hin.

Notz kritisiert daran zum einen, dass die Kommission ihren Bericht nicht als Zustandsbeschreibung oder Schreckensbild sieht, sondern als unabänderliche Tatsache und Zielvorstellung, was zu den Zukunftsängsten Jugendlicher beiträgt. Zum anderen kritisiert Notz, dass die Probleme individualisiert werden (vgl. Notz 1998a), so sieht die Kommission eine Besserung nur, „...wenn breite Bevölkerungsschichten die veränderte Wirklichkeit zur Kenntnis nehmen und ihre überkommenen Sicht- und Verhaltensweisen entsprechend ändern. Hierzu gehören beispielsweise die Vorbehalte gegenüber einfachen Diensten, die geringe Bereitschaft zu Selbständigkeit und Eigenverantwortung sowie die Fixierung auf Erwerbsarbeit als wichtigsten sinnstiftenden Lebensbereich." (Kommission 1996, 3).

Aber weder durch den Dienstleistungssektor ist eine Vollbeschäftigung zu erreichen, noch können durch weiterer Wirtschaftswachstum neue Arbeitsplätze entstehen (‚jobless growth'; vgl. Notz 1998a)[32]. Stecker stellt in ihrem Aufsatz heraus, dass Arbeitslosigkeit nicht die Folge von Marktversagen ist, sondern „im Gegenteil Ausdruck funktionierender ökonomischer Verhältnisse. Nicht, dass der Markt seine Funktionen nicht mehr erfüllt, sondern die erfolgreiche Steigerung der Produktivität zu Lasten von Arbeit zeitigt das Problem." (Stecker 1998, 78). Aus diesem Grund wird für die zunehmenden sozialen Probleme und für eine Beschäftigung der Arbeitslosen das Ehrenamt angeführt (vgl. Hradil 1996, Kommission 1997b).

Für Notz handelt es sich jedoch nicht nur um eine Krise der Erwerbsarbeit, da diese einen erneuten Aufschwung suggerieren würden, sondern um eine epochale Umbruchsituation (vgl. Notz 1998a). „Zum ersten Mal ist die Masse der Menschen für die kleine Zahl derer, die über die Macht verfügen und für die die Menschen außerhalb ihres kleinen Kreises nur hinsichtlich ihrer Nützlichkeit von Interesse sind (was einem täglich stärker bewusst

---

[32] wobei auch diese These umstritten ist.

wird), materiell nicht mehr notwendig und wirtschaftlich erst recht nicht."
(Forrester1997, 195). Forrester appelliert, nicht mehr am Alten festzuhalten, sondern die fehlende Erwerbsarbeit zur Grundlage von Zukunftsüber-
legungen machen, da nach Schätzungen bereits 20 % der arbeitsfähigen
Bevölkerung weltweit ausreichen, um den Bedarf an notwendigen Gütern
zu produzieren (vgl. Notz 1998c, 14).

Jedoch geht der Gesellschaft nicht die Arbeit aus, sondern lediglich die
existenzsichernd bezahlte Arbeit, die an männlichen Lebensmustern und
Wertvorstellungen orientiert ist, und zu der die Arbeit in Familien und im
Ehrenamt nicht dazugehört (vgl. Notz 1998a, 15ff). „Die entscheidende
Frage lautet also nicht, ob es genügend Erwerbsarbeit gibt, sondern, ob es
genügend existenzsichernde Arbeit gibt und wie sie verteilt und bewertet
wird." (Notz 1998a, 16). Da Frauen ebenfalls einer existenzsichernden
Arbeit nachgehen wollen, die wirtschaftliche Unabhängigkeit bietet, sinnstiftend ist und einen sozialen Status vermittelt, müssten mehr Männer
Sorgearbeiten übernehmen. „Normalarbeitsverhältnis, so zeigt es der Blick
in die Geschichte, hieß immer: Männer arbeiten in der Erwerbsarbeit und
Frauen in der Familie und im sozialen Ehrenamt, allenfalls ergänzt durch
einen weiblichen ‚Zuverdienst'." (Notz 1998a, 18). Eine Vollbeschäftigung
für beide Geschlechter wäre demnach nicht mehr möglich (vgl. Notz
1998a).

3.2.2 Das Konzept der Bürgerarbeit von Ulrich Beck[33]

Beck definiert Bürgerarbeit als:

- „freiwilliges soziales Engagement, das

- projektgebunden (und damit zeitlich begrenzt) in kooperativen, selbstorganisierten Arbeitsformen

- unter der Regie eines Gemeinwohl-Unternehmers,

- autorisiert, abgestimmt mit dem (kommunalen) Ausschuss für Bürgerarbeit ausgeschrieben, beraten und durchgeführt wird.

- Bürgerarbeit wird nicht entlohnt, aber belohnt und zwar immateriell (durch Qualifikationen, Ehrungen, die Anerkennung von Rentenansprüchen und Sozialzeiten, „Favor Credits"(z.B. kostenloser Kindergartenplatz) etc.).

- Materiell erhalten diejenigen ein Bürgergeld, die hierauf existentiell angewiesen sind. Die Maßstäbe sind die gleichen wie bei der Gewährung von Sozialhilfe; deshalb können die erforderlichen Mittel aus den Haushalten der Sozialhilfe und gegebenenfalls der Arbeitslosenhilfe entnommen werden.

- Jedoch, die Bezieher von Bürgergeld sind – bei sonst gleichen Voraussetzungen – keine Empfänger von Sozial- oder Arbeitslosenhilfe, da sie in Freiwilligen-Initiativen gemeinnützig tätig sind. Auch stehen sie dem Arbeitsmarkt nicht zur Verfügung, wenn sie das nicht wünschen. Sie sind keine Arbeitslosen." (Kommission 1997, 148f).

Potentiale für Bürgerarbeit sieht Beck im neuen Ehrenamt, aber um sein Konzept verwirklichen zu können, müssen zuerst einige Entwicklungshindernisse überwunden werden. An dieser Stelle spricht er das soziale System an, das zu traditionell und defizitorientiert arbeitet, zu wenig Anreize zu

---

[33] Der folgende Unterpunkt ist eine Zusammenfassung des Kapitels 15 des Kommissionsberichts (1997b): „Erwerbsarbeit durch Bürgerarbeit ergänzen" (Verfasser: Ulrich Beck).

Eigenengagement bietet und keine neuen Strategien verfolgt (z.B. Sozial-Sponsoring).

Eine Schlüsselfigur in Becks Konzept ist der Gemeinwohl-Unternehmer, er ist der ‚personifizierte Initiativreichtum‘ und eine ‚charismatische Führerpersönlichkeit‘, sowie ein ‚visionärer Pragmatiker‘, den man weder in den Wohlfahrtsverbänden findet, noch gibt es für ihn Vorbilder. Er mobilisiert und vermittelt die Freiwilligen, organisiert die Projekte und verwaltet das soziale Kapital dergestalt, dass es sich in Geld verwandelt und agiert lokal sowie global. Insgesamt sind seine Projekte besser als die von Wohlfahrtsverbänden, da sie flexibler, billiger, unbürokratischer, innovativer, dezentralisierter und klienten- und problemnäher sind.

Ergänzend zum Gemeinwohl-Unternehmer agiert der kommunale Ausschuss für Bürgerarbeit zur Beratung und Konfliktregulierung. Er setzt sich aus allen von der Bürgerarbeit beteiligten Bereichen zusammen und ernennt den Gemeinwohl-Unternehmer, sowie einen Vorsitzenden, der im Idealfall das ‚Sozialprofil eines örtlichen Sokrates‘ besitzt. Damit durch Vorgaben und Abgrenzungskriterien die Flexibilität nicht behindert wird, gibt es lediglich Verfahrensregeln.

Des Weiteren stellt Beck den ökonomischen Nutzen der Bürgerarbeit heraus. Dementsprechend hilft sie sparen, ist für die Demokratie und für kreative Lösungen von Zukunftsfragen hilfreich.

Bürgerarbeit kann Erwerbsarbeit nicht ersetzen, auch für die Ausübung der Bürgerarbeit bedarf es einer Existenzgrundlage, aus diesem Grund schlägt Beck neben der immateriellen Belohnung eine materielle in Höhe der Sozialhilfe vor. Sämtliche Gelder, er spricht von weiteren Einnahmen aus Sponsoring und Wohlfahrtsverbänden, werden vom Ausschuss verwaltet. Dennoch sollte Bürgerarbeit immer einen Anreiz darstellen, wieder eine Erwerbsarbeit aufzunehmen. Da es sich jedoch um eine sinnvolle Beschäftigung handelt, kann sie einer Vereinsamung während der Arbeitslosigkeit entgegenwirken.

Beck vermutet ein großes Potential an interessierten Bürgerarbeitern, deshalb schlägt er Strategien gegen einen möglichen Finanzengpass vor. Zu diesen Strategien gehört eine Begrenzung der Plätze, eine Auswahl der Bewerber und eine Karriere innerhalb der Bürgerarbeit. Seiner Meinung nach kann durch Bürgerarbeit die Arbeitslosigkeit gesenkt werden. Dabei soll Bürgerarbeit Arbeit nicht ersetzen, sondern den Begriff erweitern. Dies würde auch der Politik zugute kommen, da sie sich kostenneutral und selbst legitimierend zurückziehen könnte. Die Verwirklichungschancen sieht Beck als sehr gut an, da das Wohlfahrtssystem erneuert wird, die Bürgergesellschaft revitalisiert wird und keine Kosten entstehen, und zu diesen Punkten ein Allparteien-Konsens herrscht.

Becks Konzept muss jedoch im Zusammenhang mit den Empfehlungen der Kommission zur Verbesserung der Beschäftigungslage gesehen werden. Die Kommission empfiehlt hierin eine Erneuerungs- und Anpassungsstrategie. Demnach sollen die „unternehmerischen Kräfte auf allen Ebenen wirtschaftlichen und gesellschaftlichen Handelns geweckt und zum anderen die Vermögensbildung breitester Bevölkerungsschichten ausgebaut werden." (Kommission 1997b, 1). Des Weiteren soll eine Lohnspreizung und -senkung, die Vermehrung einfacher, personenbezogener Dienste und eine kleinere Stückelung von Erwerbsarbeit forciert werden. „Sowohl die Erneuerungs- als auch die Anpassungsstrategie können flankiert werden durch die Erschließung nicht-marktgängiger, gemeinwohlorientierter Bürgerarbeit" (Kommission 1997b, 4). Ergänzend werden individuelle Maßnahmen vorgeschlagen, z.B. eine stärkere Regionalisierung der Zuständigkeiten.

3.2.3 Kritik am Konzept der Bürgerarbeit

Die Kommission hat mit ihrem Bericht eine neoliberale Diagnose der Gesellschaft vorgelegt, die aufgrund der negativen Einschätzungen bezüglich der sozialen Marktwirtschaft einen Radikalschnitt als Maßnahme vorschlägt (vgl. Fuchs/Offe 1998). Dabei werden verfassungsrechtliche Vorgaben wie das Sozialstaatsgebot nicht beachtet (vgl. Bäcker/Klammer 1998, 360). Die Kritik an diesen Einschätzungen wurde bereits angesprochen:

> „Ob die soziale Realität diesem Leitbild entspricht, wird nicht diskutiert: Die alten Fragen nach wirtschaftlicher Abhängigkeit, sozialer Ungleichheit, gesellschaftlicher Ausgrenzung, unternehmerischer Macht, Ungleichgewichten auf dem Arbeitsmarkt sowie – last but not least – Geschlechterdiskriminierung haben in der schönen neuen Welt der ‚unternehmerischen Wissensgesellschaft' keinen Platz" (Bäcker/Klammer 1998, 360).

Dennoch ist die Kommission zuversichtlich, dass ihr Programm langfristig zu überwiegendem Wohlstand beiträgt (vgl. Kommission 1997b, 1).

Des Weiteren wird kritisiert, dass durch die Maßnahmen eine Elite herausgebildet wird: „Die Vorschläge der Kommission zielen darauf ab, den Weg zu einer ‚Refeudalisierung der Gesellschaft' einzuschlagen, in der der Lebensstil und -standard der Wohlhabenden durch eine moderne Dienstbotenklasse abgesichert wird." (Bäcker/Klammer 1998, 363). Diese Spaltung wird jedoch von der Kommission hingenommen: „Man kann also der Kommission nicht vorwerfen, die Zielrichtung ihres Programms nicht offen benannt zu haben. Die ‚Zwei-Drittel-Gesellschaft' ist nicht Schreckbild, sondern Ziel." (Bäcker/Klammer 1998, 364).

In diesem Zusammenhang wird nun deutlich, dass mit der Bürgerarbeit nicht nur zivilgesellschaftliches Engagement gefördert werden soll, sondern es sich um eine Instrumentalisierung des neuen Ehrenamtes handelt. „Die Einbindung des Textes in die Kommissionsempfehlungen ‚Maßnahmen zur Verbesserung der Beschäftigungslage' lässt erkennen, welch strategischer Platz diesem Instrument zugewiesen wird." (Senatsverwaltung für Arbeit, Berufliche Bildung und Frauen (Senatsverwaltung) 1998, 175f). So soll gespart und Erwerbsarbeit reduziert werden. Dabei ist die Einbindung der Bürgerarbeit in das Gesamtkonzept der Kommission nicht immer schlüssig und auf den Verfasser des Kapitels der Bürgerarbeit, Ulrich Beck, wird gesondert hingewiesen.

Die eigentliche Kritik am Konzept macht sich an den drei Zielen fest, die Beck mit dem Konzept verfolgt sowie den geschlechtsspezifischen Auswirkungen der Bürgerarbeit. Ferner wird konstatiert, dass das Konzept der Stärkung des Engagements nicht neu ist, sondern auch schon vom Kommunitarismus vertreten wurde (vgl. Bäcker/Klammer 1998; Kapitel 3.1.3). Die Ziele der Bürgerarbeit nach Beck sind im Einzelnen:

1. Bürgerarbeit soll die ‚Seele der Demokratie' stärken

Wie schon aufgezeigt werden konnte, ist es um unsere Gesellschaft und die Demokratie gar nicht so schlecht gestellt, da das Ehrenamt nicht zurückgeht, sondern sich lediglich gewandelt hat (vgl. Erlinghagen u.a. 1998; Kapitel 3.1). Zwar hat Beck die Daten des SOEP, aus denen diese Erkenntnis hervorgeht, richtig wiedergegeben, die Konsequenzen für die Argumentation und Konzeptentwicklung bleiben jedoch aus (vgl. Bäcker/Klammer 1998).

2. Bürgerarbeit soll Sozialkosten sparen bei gleichzeitiger Verbesserung sozialer Leistungen

Die sozialen Leistungen sollen in der Bürgerarbeit besser sein, da sie innovativer sind als bei den Wohlfahrtsverbänden und billiger, da sie immateriell belohnt werden. „Warum die Kommission derartige geldwerte Vorteile als lediglich ‚immaterielle Belohnungen' betrachtet, ist nicht ersichtlich." (Erlinghagen u.a. 1998, 82).

Ob das Bürgergeld als Umbenennung der Sozial- und Arbeitslosenhilfe als Arbeitsanreiz ausreichen wird, ist fraglich (vgl. Erlinghagen u.a. 1998), da selbst bei gemeinnütziger Arbeit von Sozialhilfeempfängern ein weiteres Taschengeld ausgezahlt wird (vgl. Bäcker/Klammer 1998). An anderer Stelle des Kommissionsberichts wird eine Absenkung des Sozialhilfeniveaus als verstärkter Arbeitsanreiz gefordert, damit ist fraglich, ob das Bürgergeld zur Sicherung der eigenen Existenz ausreicht. Ebenso scheint ein Fernbleiben vom Arbeitsmarkt ausgeschlossen (vgl. Bäcker/Klammer 1998). Insgesamt bleibt die Finanzierung der Bürgerarbeit unklar (vgl.

Bäcker/Klammer 1998)[34]. Im Gegensatz zu anderen Autoren betont Beck allerdings die Freiwilligkeit der Bürgerarbeit und fordert keine Arbeitspflicht[35].

Bürgerarbeit soll nicht nur kostenneutral sein, sondern beherbergt nach Beck auch Einsparpotentiale in Form von ökonomischen Effekten: „Geschickter als durch Bürgerarbeit lässt sich der angestrebte Rückzug des Staates aus seinen sozialen Verpflichtungen kaum verschleiern, moralischer nicht rechtfertigen – und vor allem preiswerter nicht organisieren." (Bäcker/Klammer 1998, 367). Aber eine Spaltung der Gesellschaft und eine höhere Kriminalitätsrate können durch Bürgerarbeit ebenso wenig aufgefangen werden, wie alle Bereiche der sozialen Arbeit abgedeckt werden können: „Das Aufgabenspektrum (der sozialen Arbeit, d. Verf.)...lässt erkennen, dass es in breiten Bereichen der sozialen Arbeit eines organisierten, *professionellen* Leistungsangebots bedarf, das flächen- und bedarfsdeckend ausgestaltet ist und verlässlich und dauerhaft zur Verfügung stehen muss." (Bäcker/Klammer 1998, 367). Aus diesem Grund und aufgrund mangelnder Kontinuität kann Bürgerarbeit hauptamtliche professionelle Arbeit nur ergänzen, aber nicht ersetzen (vgl. Erlinghagen u.a. 1998, 84; Kapitel 3.3). „Sie (die Bürgerarbeit, d. Verf.) ist insbesondere dort wünschbar und möglich, wo Art und Schwere der Aufgabe weder hohe zeitliche, physische und psychische Anforderungen stellt, noch spezifische Qualifikationen voraussetzt." (Bäcker/Klammer 1998, 367). Unter diesen Voraussetzungen ist Bürgerarbeit förderungswert, diese Erkenntnis ist allerdings auch schon in Hinblick auf das Ehrenamt bekannt. Unter anderen Voraussetzungen bedarf Bürgerarbeit allerdings einer größeren Planung und verliert dadurch ihre Attraktivität und verkommt, wie schon bei den Wohlfahrtsverbänden kritisiert, zum Lückenbüßer.

---

[34] Auch durch Sponsoring können nur begrenzt finanzielle Quellen erschlossen werden, da Sponsoring sehr arbeitsaufwendig ist und die Bereitschaft zum Sozial Sponsoring in Deutschland eine andere ist, als z.B. in den USA.

„In der Tat stellt sich die Frage, wie bei vielen anspruchsvollen sozialen Aufgaben und Tätigkeiten Bürgerarbeit professionelle Arbeit in nennenswertem Umfang ersetzen könnte. Mit einer Mischung aus Einkommen auf Sozialhilfeniveau und freiwilligem Engagement kann man die heute mehr denn je gefragten qualitativ hochwertigen sozialen Dienste nicht ersetzen. Schließlich wird auch die Frage der Finanzierung der zusätzlichen Leistungen nicht überzeugend beantwortet." (Senatsverwaltung 1998, 184)

3. Bürgerarbeit soll Arbeitslosigkeit reduzieren

Nach Beck soll Bürgerarbeit Erwerbsarbeit nicht ersetzen, bei genauerer Betrachtung des Konzeptes stellt sich jedoch dieser Eindruck heraus, da Bürgerarbeit die Arbeitslosigkeit senken soll, sinnstiftend wirken soll und mit der Erwerbsarbeit gleichgesetzt wird. „Hiermit ist offensichtlich, dass Bürgerarbeit zumindest für das Individuum im Hinblick auf die Erwerbsarbeit substituiv und nicht additiv sein soll." (Senatsverwaltung 1998, 176). Dabei wird die gesellschaftliche und individuelle Bedeutung von Erwerbsarbeit unterschätzt „Erst auf der Basis einer Integration in die Gesellschaft und sozialer Absicherung bleibt Raum für den unentgeltlichen Dienst an der Gemeinschaft." (Senatsverwaltung 1998, 177). Zwar verfügen Arbeitslose über mehr Zeit, aber Untersuchungen haben ergeben, dass sie sich weniger häufig engagieren und die Zunahme der ehrenamtlich tätigen Arbeitslosen nur auf das Engagement Höhergebildeter zurückzuführen ist, die sich dadurch einen Zugang zur Erwerbsarbeit erhoffen (vgl. Erlinghagen u.a. 1998). Deshalb stellt Bürgerarbeit nur für gebildete Ehrenamtliche und qualifizierte Arbeitslose eine vorübergehende Möglichkeit einer sinnstiftenden Tätigkeit dar. „Für viele schlecht qualifizierte Arbeitslose entstünde freilich ein doppeltes Stigma: Sie hätten weder eine Erwerbsarbeit noch eine ‚Bürgerarbeit'" (Erlinghagen u.a. 1998, 85), da kein Gemeinwohl-Unternehmer an ihrer Tätigkeit interessiert ist. Aus diesem Grund sollte man Erwerbsarbeit statt Bürgerarbeit subventionieren.

---

[35] Für ein soziales Pflichtjahr spricht sich z.B. Fink (1990, 62ff) aus; zur Kontraproduktivität solcher Ansätze vgl. Eberhard (1999).

Des Weiteren steht das Konzept der Bürgerarbeit im Kontrast zu den restlichen Empfehlungen der Kommission. „Wird auf der einen Seite in der Wirtschaftspolitik die marktradikale Konkurrenzökonomie propagiert, die den Menschen nur unter dem Bild des an Ertrag und Erfolg denkenden ‚Unternehmers' sieht und ihn in diese Richtung formt, wird hier das freiwillige, selbstlose bürgerschaftliche Engagement gepriesen." (Bäcker/Klammer 1998, 367f). Vielleicht hängt diese Unterscheidung damit zusammen, dass es sich hier um ‚nicht-marktgängige Tätigkeiten' handelt, allerdings werden an anderer Stelle gerade diese Tätigkeiten für die Entstehung neuer Arbeitsplätze vorgeschlagen (vgl. Bäcker/Klammer 1998) und bereits jetzt werden in diesen Bereichen Angestellte durch z.B. Arbeitsbeschaffungsmaßnahmen verdrängt. „So werden Arbeitsplätze vernichtet und nicht geschaffen" (Bäcker/Klammer 1998, 368).

4. Geschlechtsspezifische Auswirkungen von Bürgerarbeit

Die Auswirkungen der Strategien des Kommissionsberichts auf Frauen werden nicht berücksichtigt, vielmehr wird „...die geschlechtsspezifische Perspektive im wesentlichen ausgeblendet und absehbare geschlechtsspezifische Auswirkungen der empfohlenen Strategien werden ignoriert." (Senatsverwaltung 1998, 183). Wobei gerade der Niedriglohnsektor und verschärfte Zumutbarkeitskriterien vor allem auf Frauen negative Auswirkungen haben „Dies lässt zumindest einige Schlüsse zu, wen die Kommission mit der vorgeschlagenen Strategie, das individuelle Angebot von Erwerbsarbeit zu mindern (Kommission 1997b, 140ff), vorrangig im Auge hat." (Bäcker/Klammer 1998, 368). Obwohl nicht von Bürgerarbeiter*innen* gesprochen wird, sind doch meistens Frauen diejenigen, die die ehrenamtliche Arbeit verrichten, und (neben Langzeitarbeitslosen und Sozialhilfeempfängern) keinen sinnstiftenden Prestigezuwachs durch Bürgerarbeit erwarten können. Da für den Bezug von Bürgergeld die gleichen Voraussetzungen wie für Sozialhilfe gelten, bekommen manche Frauen von Erwerbstätigen Männern kein Bürgergeld und sind damit weiterhin abhängig (vgl. Bäcker/Klammer 1998).

Die Bereiche, in denen Bürgerarbeit und die Niedriglohnarbeit ansetzen, betreffen zum größten Teil Frauen, folglich wären sie es, die abqualifiziert werden. Haus- und Sorgearbeiten (wie auch sporadisches oder langfristiges Engagement) werden nicht in das Konzept integriert und damit von einer Belohnung ausgeschlossen. Dabei muss es in Zukunft „…darum gehen, die Voraussetzungen dafür zu verbessern, dass beide Geschlechter Beruf und Familie, Erwerbsarbeit, Familienarbeit und Bürgerarbeit miteinander vereinbaren können." (Bäcker/Klammer 1998, 369). Frauen sollten auch die Möglichkeit zur Teilnahme am Arbeitsmarkt bekommen: „Weil Lebens- und Entwicklungschancen im Bildungssystem und am Arbeitsmarkt verteilt werden, ist die Teilhabe von Frauen an existenzsichernder Erwerbsarbeit kein emanzipatorischer Luxus, sondern eine existentielle Notwendigkeit." (Senatsverwaltung 1998, 177)

Bei genauerer Betrachtung des Konzepts, ist festzustellen, „dass dieses Konzept bei allem oberflächlichen Charme und trotz wichtiger und richtiger Überlegungen zu einer Stärkung des zivilgesellschaftlichen Engagements die selbstgesteckten Ziele nicht erreicht." (Bäcker/Klammer 1998, 369). Bürgerarbeit ist nur für bereits Ehrenamtliche und vielleicht Rentner geeignet, für Arbeitslose nur bedingt, dafür würden aber bestehende Arbeitsplätze abgebaut und bestehende Ungleichheiten fortgeschrieben und verstärkt. „In der vorgestellten Form sollte damit auch die einzig positive, zukunftsweisende Perspektive, die sich auf den ersten Blick aus dem ‚massiven Abrissvorhaben' (Fuchs/Offe 1998) der Kommission für Zukunftsfragen der Freistaaten Bayern und Sachsen herauszukristallisieren scheint, schnell ad acta gelegt werden." (Bäcker/Klammer 1998, 370).

3.2.4 Das Ehrenamt als Alternative zur Erwerbsarbeit

Erwerbsarbeit kommt in unserer Gesellschaft eine große Bedeutung zu, dementsprechend ist sie auch für das Individuum entscheidend. Sie ist sinnstiftend, vermittelt einen sozialen Status und wirtschaftliche Unabhängigkeit. Aufgrund der wirtschaftlichen Entwicklungen gibt es allerdings immer weniger existenzsichernde bezahlte Arbeit, was die zunehmende Erwerbstätigkeit der Frauen in einem negativen Licht erscheinen lässt. Ehrenamtliche Arbeit ist sinnstiftend, dennoch kann sie, wie am Modell der Bürgerarbeit von Beck aufgezeigt wurde, die existenzsichernde Arbeit nicht ersetzen.

> „Die derzeit nachweisbaren anhaltenden bzw. sogar wachsenden Bedürfnisse nach Erwerbstätigkeit wird man nicht mit moralischen Appellen zu einer anderen Bewertung von Arbeit, sondern nur mit konkreten Hilfen für neue Lebensentwürfe erfüllen können. Auch ist es illusionär, in einer sozial und geschlechtsspezifisch gespaltenen Gesellschaft eine allgemeine Orientierung am Gemeinwohl zu erwarten." (Senatsverwaltung 1998, 185).

Denn damit das Ehrenamt eine sinnstiftende Tätigkeit darstellt, müssen bestimmte Voraussetzungen erfüllt sein. Dazu gehört ein soziales Zugehörigkeitsgefühl sowie eine Absicherung des Lebensunterhalts. „Ehrenamtliche Arbeit kann nur von Menschen geleistet werden, die durch materielle und soziale Grundsicherung über die notwendige wirtschaftliche Potenz verfügen, sich ohne monetäres Entgelt zu engagieren." (Badelt 1999, 459). Folglich kann Ehrenamt nur komplementär zur Erwerbsarbeit gesehen werden und stellt gerade für Frauen keine ‚Ersatzarbeit' dar (vgl. Notz 1998a). Eine Professionalisierung aller sozialer Leistungen wäre allerdings nicht finanzierbar, dennoch kann ehrenamtliche Arbeit „erst dann wirklich freiwillig und aus Liebe verrichtet werden, wenn die eigenständige Existenzsicherung gewährleistet ist und wenn die professionelle Versorgung der Hilfsbedürftigen sichergestellt ist." (Notz 1998a, 55; vgl. auch Kapitel 3.3).

Wichtiger wären demnach tiefergreifende Konzepte, die die Mehrdimensionalität des Arbeitsproblems integrieren. So muss eine generelle Erweiterung des Arbeitsbegriffes vorgenommen werden, die sich nicht nur darauf bezieht, dass die unentgeltliche Arbeit der Frauen aufgewertet wird. Es bedarf des Weiteren einer gerechten Verteilung aller Arbeit auf alle, d.h. auch Männer müssten mehr Haus- und Sorgearbeiten übernehmen und Vollzeitstellen für Teilzeitstellen hergeben, da das Arbeitsvolumen nicht mehr ausreicht (vgl. Notz 1998a). Dementsprechend

„...wird es notwendig, dass die gesellschaftliche Arbeit qualitativ neu bestimmt und quantitativ neu verteilt wird. Wir brauchen eine Umverteilung in mehrere Richtungen: Wir brauchen eine Steigerung ökologischer Investitionen sowie von Investitionen für humanere Arbeitsorganisation und Arbeitsgestaltung, eine Gleichverteilung der bezahlt und unbezahlt geleisteten Arbeiten auf beide Geschlechter, eine Umverteilung des gesellschaftlichen Reichtums und soziale Transfers in die Armutsregionen der Welt." (Notz 1998a, 58).

Die Politik darf sich von der Globalisierung und Wirtschaft nicht derart beeinflussen lassen, denn im Zentrum der Überlegungen sollte der Mensch stehen und nicht das Gewinnstreben. Daher muss nach kreativen neuen Lösungen gesucht werden, die die Probleme nicht zu Individualisieren suchen, wie das im Kommissionsbericht geschieht (vgl. Kistler/ Schönwälder 1998). In diesem Konzept sollen die Arbeitslosen Gemeinsinn entwickeln, während alle anderen nach Profit streben[36]. Auch eine stärkere Belastung der Kommunen geht in diese Richtung, hier sind vielmehr gesamtgesellschaftliche Konzepte von Nöten, die auch einer kritischen Prüfung standhalten. Folglich „geht es um die Herausbildung und Unterstützung von kritisch-sozialen Kompetenzen..." (Notz 1998c, 69), die vermehrt lebenslang gelehrt und gelernt werden sollten, um Handlungsalternativen herausbilden zu können.

Abschließend bleibt festzuhalten, dass das Ehrenamt keine Alternative zur Erwerbsarbeit darstellt. Lediglich höhergebildete Arbeitslose nutzen diese Chance für sich, um wieder einen Einstieg in die Erwerbsarbeit zu finden (vgl. auch Kapitel 3.3). Dabei wird das sinnstiftende Moment des Ehrenamtes nur unter bestimmten Bedingungen gewährleistet. Zu diesen Bedingungen gehört eine geeignete Förderung und keine Funktionalisierung des Ehrenamts, sowie eine nicht in Abhängigkeiten bringende Sicherung des

---

[36] Denn ehrenamtliches Engagement in Vorständen von Sportvereinen oder sozialen Einrichtungen wirkt sich auch auf die Chancen auf dem Stellenmarkt für Manager aus, Spenden sind steuerlich absetzbar sowie Sponsoring eine Gegenleistung erwartet. Dieses Engagement ist aus diesem Grund nicht auszuschließen, jedoch sollte der Motivationsgrund nicht vergessen werden.

Lebensunterhalts. Des Weiteren konnte festgestellt werden, dass die ehren-amtliche Arbeit arbeitsplatzneutral sein sollte, da anderenfalls bestehende Stellen abgebaut werden müssen.

3.3 Erwartung an das neue Ehrenamt: Kosteneinsparungen

Die vielzähligen Bemühungen, das Ehrenamt zu fördern, wecken bei einigen Autoren die Befürchtung, dass das Ehrenamt in Zeiten knapper Kassen Leistungen erbringen soll, die dann nicht mehr von der öffentlicher Hand finanziert werden müssen. Solche Einsparpotentiale werden zwar nie direkt geäußert, tauchen aber durchaus in einigen Konzepten als Nebeneffekt auf (vgl. Kapitel 3.2.2).

In diesem Unterpunkt wird nun der Frage nachgegangen, ob durch den Einsatz Ehrenamtlicher Kosten gespart werden können, oder ob der Bedarf an sozialen Leistungen nur durch professionelle Kräfte gedeckt werden kann. D.h. es werden die verschiedenen Kompetenzen von Haupt- und Ehrenamt herausgearbeitet und welche Zusammensetzung dieser Hilfeformen die größte Effektivität und Effizienz gewährleistet. Dabei wird zunächst die ‚Krise' des Sozialstaats beschrieben und dann auf die verschiedenen Kompetenzen eingegangen, um zu einer Lösung der Frage nach den Einsparpotentialen zu kommen.

3.3.1 Die Krise des Sozialstaats

Eine Krise des Sozialstaats wird konstatiert, da trotz steigendem Bedarf an sozialen Leistungen die finanziellen Mittel knapper werden (vgl. Notz 1998a). Roth splittet die Gründe für die zunehmenden Probleme des Sozialstaats weiter auf:

> „Sie ergeben sich aus dem Zusammenspiel von Expansionsgrenzen des Sozialbudgets (z.B. die kommunale Finanzmisere angesichts gestiegener Kosten für Sozialhilfe und soziale Dienste), wachsenden sozialen Problemen (Dauerarbeitslosigkeit, Verarmung, zunehmender Obdachlosigkeit etc.) sowie demographischen und sozialstrukturellen Umbrüchen (u.a. ‚Vergreisung', Schrumpfen der Erwerbsbevölkerung, Trend zur ‚Individualisierung', etwa gemessen an der

wachsenden Zahl von Einpersonenhaushalten). Die Folge ist eine Scherenentwicklung zwischen dem steigenden Bedarf an sozialen Hilfen einerseits und seiner Finanzierbarkeit durch die öffentliche Hand bzw. die Sozialversicherungsträger andererseits." (Roth 1995, 47).

Notz konstatiert divergierende Gründe für die fehlenden Finanzmittel: „Zur Bekämpfung der steigenden Erwerbslosigkeit hält die Bundesregierung für die Zukunft noch tiefere Einschnitte als bisher in die soziale Sicherung für erforderlich. PolitikerInnen (fast) aller Parteien hoffen auf das sogenannte ‚Ehrenamt'." (Notz 1998a, 19f).

Neben den Problemen der Finanzierbarkeit wird gegen den Sozialstaat der Vorwurf erhoben, er fördere eine ‚Konsumentenmentalität', da er seine Bürger zu sehr bevormundet und umsorgt und keinen Raum für Eigeninitiativen und Ehrenamt lässt. Dieser Vorwurf wird meistens von kommunitaristisch-bürgerschaftlicher Seite geäußert (vgl. Hummel 1995; Notz 1998a). Demgegenüber steht jedoch die Feststellung, dass die Ursache des steigenden Bedarfs in den zunehmenden sozialen Problemen liegt und eben nicht in der gestiegenen Anspruchshaltung der Bevölkerung (vgl. Hradil 1996; Roth 1995)[37].

Aber auch die Wohlfahrtsverbände werden als zu unmenschlich, bürokratisch und kalt empfunden. Ihre traditionellen Strukturen haben mit der gesellschaftlichen Entwicklung nicht Schritt gehalten. Einigen Autoren zufolge äußert sich dies in den sinkenden Zahlen der Ehrenamtlichen in den Wohlfahrtsverbänden sowie im Wandel des Ehrenamtes (vgl. Notz 1998a).

Eine ähnliche Haltung wird gegenüber der professionellen hauptamtlichen sozialen Arbeit[38] vertreten. An ihr wird ebenso kritisiert, sie wäre zu büro-

---

[37] hierunter fällt auch die ‚Missbrauchsdebatte'. Folglich ist nicht der Sozialhilfemissbrauch gestiegen, sondern lediglich die Berichterstattung und Bekämpfung desselben.

[38] Wobei hier unter ‚Hauptamtlich' bezahlte, aber nicht notwendigerweise professionelle Arbeit verstanden wird und unter ‚Professionell' ausgebildete Arbeit, die aber auch ehrenamtlich erfolgen kann. Siehe auch unter 3.3.2.

kratisch, unmenschlich und ineffektiv. Als Lösung wird das Ehrenamt angeführt. Es vermittelt die Menschlichkeit, die die herkömmliche soziale Arbeit vermissen lässt (vgl. Notz 1998a). Zudem zeigen Untersuchungen, dass das Ehrenamt in einigen Bereichen effektiver, oder mindestens genauso effektiv ist (vgl. Müller-Kohlenberg 1990 und Müller-Kohlenberg/Kardorff/Kraimer 1994). Doch trotz der guten Ergebnisse ehrenamtlicher Arbeit, wird diese noch nicht optimal in das bestehende System sozialer Hilfen eingebunden. Die Zusammenarbeit von Ehrenamtlichen und Hauptamtlichen wird oft als konkurrenz- oder konfliktbehaftet erlebt (Müller-Kohlenberg/Kardorff/Kraimer 1994)[39]. Kausal für diese Problematik ist die Herkunft und Koexistenz von Ehren- und Hauptamt in der sozialen Arbeit, sowie die noch nicht abgeschlossene Professionalisierung und die sich daraus ergebenden Befürchtungen der Hauptamtlichen, durch ehrenamtliche Tätigkeiten ersetzt zu werden oder die gewonnene Professionalität aberkannt zu bekommen (Otto-Schindler 1996).

Professionelle soziale Arbeit ist aus der Ehrenamtlichen entstanden und bis heute existieren verschiedene Mischformen von ehrenamtlicher und hauptamtlicher Arbeit. Dabei wurde im Laufe der Herausbildung der Profession das Ehrenamt marginalisiert und als Laientätigkeit bezeichnet. Nach Bauer wird die geforderte Anerkennung und Bezahlung professioneller Arbeit vor allem mit zwei Problemen konfrontiert:

> „Denn einerseits haftet an der Sozialen Arbeit der Geburtsfehler und Makel ihrer laienhaften Herkunft. Andererseits wurde die alte, unbezahlte Ehrenamtlichkeit von der Politik und den Medien jüngst wieder entdeckt...Wozu bedarf es der besonderen Ausbildung für einen Bereich, wo früher nur Laien tätig waren und wo auch heute noch Laien anscheinend genauso gut (oder schlecht und gegebenenfalls sogar besser) mitzuarbeiten in der Lage sind?" (Bauer 1998c, 13).

Ferner steht einer weiteren Professionalisierung und öffentlichem Ansehen im Wege, dass die soziale Arbeit als ‚Arme-Leute-Profession' bezeichnet

---

[39] diese Problematik wird in Kapitel 3.3.2 vertieft.

werden kann und an ihr der Ruf der Mütterlichkeit haftet (vgl. Bauer 1998c).

Ein weiteres, zu den Verdrängungsängsten beitragendes Moment, ist die noch nicht abgeschlossene Professionalisierung sozialer Berufe. Wessels betont zudem eine in den einzelnen Bereichen der sozialen Arbeit verschieden weit vorangeschrittene Professionalisierung. Diese noch nicht abgeschlossene Professionalisierung artikuliert sich in einer fehlenden Abgrenzung zu anderen Berufen, sowie eine klaren Beschreibung der Aufgaben (vgl. Wessels 1994, 61f).

„Es stellt sich nun die Frage, inwieweit solche zumindest partiell vorhandenen Defizite an Professionalität eine verstärkte Substitution begünstigen. Neben einer Substitution von diplomierten Fachkräften durch weniger qualifizierte Kräfte wären auch folgende Substitutionsvarianten denkbar: eine verstärkte Rückverlagerung von Aufgaben professioneller Sozialarbeit in Familie oder Nachbarschaft, entsprechend dem Leitbild der ‚neuen Subsidiarität' oder der verstärkte Einsatz von Honorarkräften oder ehrenamtlichen Tätigen." (Wessels 1994, 61).

Neue Projekte und Initiativen, die aus ehrenamtlichem Engagement entstanden sind sowie die Selbsthilfebewegung stehen zudem der professionellen Sozialarbeit gegenüber. „Die Suche nach ‚Vernetzungen' und ‚Brücken' zwischen professioneller Sozialarbeit, Selbsthilfegruppen, Alternativprojekten und freiwilligem sozialem Engagement gehört zu den Standardthemen der letzten Jahre." (Roth 1995, 48).

Festzustellen ist demnach, dass die Nachfrage nach einer entbürokratisierten Vorgehensweise im sozialen Bereich mit einem Finanzengpass zusammenfällt. Dabei soll eine Verschiebung der Leistungen vom Staat hin zur Gemeinschaft und Eigenleistung stattfinden, da Marktbereiche aufgrund „wachsender Monetarisierung sozialer Beziehungen" (vgl. Wessel 1994) herausfallen (vgl. Dingeldey 1997). Diese Tendenzen sind bereits bei der Bürgerarbeit und dem Kommunitarismus festgestellt worden. Für den Bereich der Ausgabensenkung des Staates durch das Ehrenamt handelt es sich allerdings um keine neue Methode, sondern sie kam in Krisenzeiten immer wieder zum Vorschein (vgl. Notz 1987, 21ff). Während in Zeiten gefüllter Staatskassen die professionelle Hilfe relativ uneingeschränkt expandieren konnte, wird bei finanziellen Engpässen eine Rückführung der professionalisierten Bereiche in ehrenamtliche Arbeit gefordert, ohne auf die erreichten qualitativen Standards Rücksicht zu nehmen (vgl. Bauer 1998b; Streng 1997).

3.3.2 Die Kompetenzen ehrenamtlicher und professioneller Arbeit

Wie bereits erwähnt, spielt die Professionalisierung der sozialen Arbeit im Bezug auf die Beantwortung der Frage nach den unterschiedlichen Kompetenzen von Ehrenamtlichen und Hauptamtlichen eine wesentliche Rolle. Aufgrund der Koexistenz muss von verschiedenen Kompetenzen der Helfergruppen ausgegangen werden, die eine vollständige Ersetzung der einen Helferart durch die andere bisher ausgeschlossen haben. Dabei verläuft die Zusammenarbeit der Helfergruppen nicht konfliktfrei (Otto-Schindler 1996). Eine Annäherung an das Thema der Kompetenzen geschieht über die genauere Betrachtung dieser Konflikte.

Als Gründe für das schlechte Verhältnis von Haupt- und Ehrenamtlichen geben Müller-Kohlenberg/Kardorff/Kraimer unter anderem das Spannungsverhältnis zwischen Fachlichkeit und Laienkompetenz an, den noch nicht optimalen Umgang mit dem neuen Ehrenamt, neue Ansprüche an die Betreuung der Klienten sowie neue Aufgabenfelder der sozialen Arbeit. „Die hier nur angedeuteten Veränderungen haben zu einer neuen Konstellation im Verhältnis von Professionellen und Ehrenamtlichen geführt, aus der sich für beide Seiten neue Herausforderungen und spezifische Konfliktdimensionen ergeben." (Müller-Kohlenberg/ Kardorff/Kraimer 1994, 86). Diese Konfliktdimensionen umschreiben sie mit Neid, fehlender Anerkennung aufgrund mangelnder Öffentlichkeitsarbeit und dem Unterschied zwischen beruflicher Nächstenliebe und dem freiwilligen pragmatischem Helfen ohne Erfolgsdruck, aber mit der Sicherheit der professionellen Unterstützung im Notfall.

Durch die bereits beschriebene noch nicht abgeschlossene Professionalisierung der soziale Berufe, bestehenden Konflikten sowie einer unklaren Aufgabenverteilung und Haltung der Institutionen gegenüber den Helferformen kommt es zu einer Statusunsicherheit und Rollendiffusität in der sozialen Arbeit (vgl. Müller-Kohlenberg/ Kardorff/Kraimer 1994), die mit einer verstärkten Abgrenzung zur Ehrenamtlichkeit und Berufung auf die Professionalität einhergeht. „Das zu beobachtende Festhalten an einer vermeintlichen Fachlichkeit zu ungunsten alltagsnaher Bewältigungsstrategien, die als Abwehr von Unsicherheiten und Ängsten gedeutet werden kann, lässt sich auch als Ausdruck einer Rollenunsicherheit der sozialen Helferberufe verstehen." (Müller-Kohlenberg/Kardorff/Kraimer 1994, 100). So wurde festgestellt, dass sogar Koordinatoren für Ehrenamt eine Geringschätzung desselben aufweisen. „Im einzelnen lassen sich folgende Ergebnisse festhalten, die diese Berufpraxis durchziehen und die als typische Berufsfelder bzw. als Probleme der Berufsausübung bezeichnet werden können:

- eine ‚berufstypische' Abwehr des Ehrenamtes

- eine ‚berufstypische' Statusunsicherheit

- eine ‚berufstypische' Klientifizierung Ehrenamtlicher (‚sozialer Tick')." (Müller-Kohlenberg/Kardorff/Kraimer 1994, 106).

Einen weiteren Zugang zu den Konflikten und Kompetenzen der unterschiedlichen Helfergruppen bietet die Unterscheidung zwischen Laienkompetenz und Fachlichkeit. Dabei ist eine weitere Differenzierung zwischen Laien und Professionellen einerseits und Ehren- und Hauptamt andererseits notwendig, da nicht alle ausgebildeten Kräfte einen Arbeitsplatz bekommen und aus diesem Grund auch ehrenamtlich oder gegen geringe Bezahlung arbeiten (vgl. Wessels 1994).

„Erstens sind längst nicht mehr alle Ehrenamtlichen Laien, sowenig wie alle Festangestellten Profis sind, und zweitens bewegen sich die Ränder des Systems professionell erbrachter Hilfen und ehrenamtlich erbrachter Hilfen aufeinander zu. Auf der einen Seite gibt es eine Tendenz zur Semiprofessionalisierung von Ehrenämtern, auf der anderen Seite eine Tendenz zur Deprofessionalisierung und Deregulierung beruflich bezahlter Mitarbeit." (Bendele 1988, 72).

Diese ehrenamtliche Arbeit hat nun die Ansprüche an professionelle Arbeit, wird aber nicht bezahlt und ist aus diesem Grund nicht Haupt- sondern Ehrenamtlich und marginalisiert damit die Laien unter den Ehrenamtlichen, deren „mangelnde Fähigkeit zur Distanzierung, zur Reflexion des eigenen Tuns und zu systematischem Arbeiten" kritisiert wird (Wessels 1994, 108). „Die Vorstellung eines ehrenamtlich tätigen Laien, der vor allem aus seiner Alltagserfahrung und Alltagskompetenz schöpft, entspricht offenbar immer weniger der Realität." (Wessels 1994, 109). Durch diese Überschneidungen der Aufgabenbereiche werden die Grenzen verwischt und es entstehen auf beiden Seiten Konkurrenzen, die sich negativ auf die Zusammenarbeit auswirken. „Immerhin ist in einigen Fällen der bedeutsame Unterschied zwischen beiden Gruppen die fehlende Bezahlung bei den ehrenamtlich Tätigen. Hier droht nun die Gefahr, dass die qualifizierte ehrenamtlich Arbeit als kostensparende Alternative zur professionellen Sozialarbeit eingesetzt wird." (Wessels 1994, 105).

Dennoch wird von anderen Autoren auch auf die Kompetenzen der Laien hingewiesen. „Ehrenamtliche HelferInnen können – so ein Ergebnis im Bereich der Betreuung von Hilfebedürftigen – flexibler als berufliche HelferInnen handeln, die sich stärker an administrativen Vorgaben orientieren." (Otto-Schindler 1996, 166). Es werden zudem von Ehrenamtlichen auch kleine Schritte beachtet und es entsteht eine engere Beziehung, die allerdings auch die Gefahr birgt, die Autonomie der Lebenspraxis des Klienten nicht genügend zu wahren und ihn in eine Abhängigkeit zu bringen (Otto-Schindler 1996, 167).

Müller-Kohlenberg weist auf den Vorteil der geringen Fallzahlen bei Ehrenamtlichen hin:

„Reale freundschaftliche Gefühle für mehrere Personen pro Tag, und das Jahr für Jahr, sind nicht zu erbringen. Das verbietet das Zeitbudget und die Ökonomie des eigenen Gefühlshaushalts. Der paraprofessionelle Therapeut hat den nicht zu unterschätzenden Vorteil, üblicherweise nur einen (oder wenige) Klienten zu betreuen. Er kann es sich leisten, ein Freundschaftsangebot zu machen und verausgabt sich nicht. Im Gegenteil: Er selbst wird um eine soziale Erfahrung bereichert." (Müller-Kohlenberg 1988, 193).

Wessels sieht den Unterschied von Laien und Professionellen ‚Zwischen emotionaler Betroffenheit und professioneller Distanz', wobei das Handeln von Professionellen selbstbewusst erfolgen sollte. Diese Professionalität muss theoretisch beigebracht, aber auch durch Erfahrungswissen verfestigt werden (vgl. Wessels 1994). Eine Übersicht bietet folgende Tabelle:

Laienhelfer	Professionelle
biographische Wissensbestände	wissenschaftliche Wissensbestände
alltagsweltliche Orientierung	sozialarbeiterische Orientierung
hohe Beziehungsnähe	professionelle Distanz
Flexibel	unflexibel
immaterieller Gewinn	Absicherung des Lebensunterhalts
geringe Fallzahl	hohe Fallzahl

Abb. 4: Unterschiede von Laienhelfern und Professionellen (vgl. Jakob 1995; Otto-Schindler 1996)

Während Wessels auf die Notwendigkeit einer Ausbildung für soziale Berufe in bestimmten Bereichen hinweist, spricht Wendt den Bürgern eine generelle Kompetenz für die Lösung ihrer Probleme zu und verlangt eine ‚Entfachlichung' der sozialen Arbeit dergestalt, dass sie sich wieder auf die Problemlösungsstrategien der Bürger besinnt. Professionelle sollen diese

81

Kompetenzen lediglich organisieren, denn „sie sind nicht zuletzt als Dramaturgen gefragt, welche auf der sozialen Bühne die Pluralität des Engagements aufmischen." (Wendt 1995, 200).

Die Problematik der Einengung des Berufsfeldes der sozialen Arbeit auf Managementaufgaben wird zudem durch Untersuchungsergebnisse verschärft, die die Qualität der Laientätigkeit mit der professionellen Arbeit gleichsetzen. So äußert sich Müller-Kohlenberg zur Effektivität der Hilfen folgendermaßen: „Laienhelfer arbeiten im allgemeinen ebenso gut wie professionell ausgebildete Sozialarbeiter bzw. Psychologen, manchmal besser, selten schlechter." (Müller-Kohlenberg 1988, 185). Die Generalisierung dieser Aussage wird aber von vielen Autoren kritisiert (vgl. Jakob 1995; Backes u.a. 1995) und es wird auch nicht die daraus resultierende Konsequenz geteilt, dass alle Einzelfallhilfen von Ehrenamtlichen übernommen werden sollten und die Professionellen lediglich ‚social management'-Aufgaben übernehmen sollten (vgl. Müller-Kohlenberg 1994). Gründe hierfür liegen in der Notwendigkeit der Ausbildung in bestimmten Bereichen, der Komplexität einzelner Hilfen und der möglichen Instrumentalisierung der Ehrenamtlichen, deren Vorteile ja gerade die Freiwilligkeit, die Alltagsorientierung und geringe Fallzahl ist (vgl. Backes u.a. 1995).

Generell kann festgestellt werden, dass in bestimmten Bereichen die ehrenamtliche Arbeit effektiver ist, dafür aber bestimmter Voraussetzungen bedarf (vgl. Kapitel 4), aber in anderen wiederum die Hilfe aufgrund der fehlenden Distanz scheitern könnte, man denke nur an die Koabhängigkeit bei Suchtkranken (vgl. Backes u.a. 1995; Jakob 1995). Es bestehen demnach unterschiedliche Kompetenzen und auch unterschiedliche Handlungsmotive, die sich auf die Arbeitsmotivation und -organisation auswirken (vgl. Bauer 1998b). Folglich kann davon ausgegangen werden, dass die Kompetenzen der Laientätigkeit nur zur Entfaltung kommen, wenn anstatt des monetären Anreizes der hauptamtlichen Arbeit, die Motive der Ehrenamtlichen beachtet werden, auf die individuellen Ressourcen eingegangen werden und die Ehrenamtlichen selbstbestimmt und freiwillig arbeiten können. Ob trotz geeigneter Bedingungen genügend Ehrenamtliche gefunden werden können, um das Feld der Einzelfallhilfe abzudecken und auch alle Bereiche darin, ist zudem fraglich (vgl. Kapitel 2.3 und 2.6).

Ein weiterer Grund für eine Verlagerung des Berufsbildes der sozialen Arbeit in Richtung Management ist nach Wendt ein stärkerer Bezug zur Öffentlichkeit und gegen eine ‚Intimisierung' der Probleme auf die Beziehung Klient – Professioneller:

> „Sozialarbeit in der Bürgergesellschaft heißt, private und persönliche Notlagen von Menschen in sozialer Arbeit zu einer öffentlichen Sache zu machen: der Umgang mit Kindern, die Gewalt in der Gesellschaft, die Wohnverhältnisse, die Beschäftigungssituation. Notwendig dafür ist eine andere und eine anders verstandene Fachlichkeit." (Wendt 1993, 262).

Gegen einen stärkeren Bezug zur Öffentlichkeit ist nichts einzuwenden, jedoch darf dieser Bezug nicht dazu führen, dass andere Bereiche der sozialen Arbeit ausgeklammert werden und die soziale Arbeit nur noch aus sozialem Management besteht (vgl. Backes u.a. 1995). Diese Aufgabe könnte auch von normalen Managern ausgeführt werden, das wesentliche an der sozialen Arbeit besteht allerdings aus dem sozialarbeiterische Hintergrundwissen und den sozialarbeiterischen Methoden, die im Studium und in der Weiterbildung sowie der reflektierten Praxisphase vermittelt werden und damit eine Qualität im Umgang mit Klienten garantieren, die von anderen Berufsgruppen derart nicht gewährleistet werden kann (vgl. Jakob 1995). Dafür bedarf es allerdings genau wie für das Ehrenamt geeigneter Rahmenbedingungen, die von staatlicher und institutioneller Seite gewährleistet werden müssen. Gerät eine professionell geleistete und effektive soziale Arbeit in Rechtfertigungsnot, so wirkt sich diese negativ auf die Arbeit aus und kann auch als Individualisierung von Problemlagen gewertet werden. Natürlich muss professionelle Arbeit an der Qualität ihrer Arbeit interessiert sein, eine qualitativ hochwertige soziale Arbeit kann jedoch nur durch geeignete Rahmenbedingungen garantiert werden (vgl. Backes u.a. 1995). Wo diese fehlen wirkt sich ein Qualitätsmanagement m.E. verheerend aus. Entweder es führt zu dem Ergebnis, dass die Arbeit ineffektiv ist, oder es führt zu einer Ausbeutung der professionellen Kräfte damit diese ihre Effizienz beweisen können und damit ihren Arbeitsplatz sichern.

Es gibt also eine Laientätigkeit, die oftmals als genauso, wenn nicht sogar effektiver als professionelle Arbeit angesehen wird und zudem ein ‚professionelles Ehrenamt'. Durch diese Entwicklung und ein diffuses Berufsbild der Sozialen Arbeit, bedingt durch die noch nicht abgeschlossene Professionalisierung und unklare Kompetenzen und Rollenzuschreibungen auf Seiten der Institutionen kommt es zu Konkurrenzen zwischen Hauptamtlichen und Ehrenamtlichen und der Befürchtung der Ersetzung von hauptamtlichen Stellen in ehrenamtliche, beziehungsweise der Ausnutzung ehrenamtlichen Engagements, ohne dass diese Stellen in bezahlte Stellen verwandelt würden.

3.3.3 Können durch das Ehrenamt Kosten gespart werden?

Wie zu erkennen war, besitzen Ehrenamtliche verschiedene Kompetenzen, zum einen eine Laienkompetenz, die sich durch biographische Wissensbestände, alltagsweltliche Orientierung und eine hohe Beziehungsnähe auszeichnet, und zum anderen gibt es auch vermehrt professionelle Ehrenamtliche. Dabei „...wird hervorgehoben, dass der Einsatz von Ehrenamtlichen zusätzliche Dienstleistungsangebote ermöglicht oder eine kostengünstigere Bereitstellung von Hilfen zulässt. Es wird betont, dass Ehrenamtliche in der Lage sind, zusätzliche Ressourcen zu beschaffen." (Bauer 1998b, 5). Ein Beispiel für diese Argumentation liefert Leif, auch wenn er betont, dass diese Entwicklung nicht durch einen Rückzug des Sozialstaates, sondern durch eine Entwicklung zu einer ‚Mitmachgesellschaft' geschehen soll: „Denn mittel- und langfristig würde der Staat durch die Entfaltung von Bürgersinn und Förderung von Mitarbeit finanziell entlastet." (Leif 1998, 17). Folglich wäre eine Ersparnis mit dem Einsatz Ehrenamtlicher möglich. Allerdings wird von vielen Autoren hervorgehoben, dass die Qualität des

Laienehrenamtes nur unter bestimmten Gegebenheiten gewährleistet ist. Und mit diesen Gegebenheiten wären auch Kosten verbunden.

> „In den bisherigen Diskussionen um ehrenamtliche Arbeit ist der Gesichtspunkt spezifischer Herausforderungen durch die Arbeit mit den (neuen) Ehrenamtlichen und der Aspekt der mit dieser Arbeit verbundenen Zusatzbelastungen von Seiten der Sozialpolitik und der Träger noch zu wenig wahrgenommen worden: Aktive Arbeit mit Ehrenamtlichen ist nicht kostenneutral, weder in Bezug auf personelle und auch finanzielle Mehrbelastungen, noch hinsichtlich sozialer Kosten (Organisationsbereich)." (Müller-Kohlenberg/Kardorff/Kraimer 1994, 96).

Eine Ausnutzung des Ehrenamtes als billiger Lückenbüßer würde hingegen gegen die Motive des neuen Ehrenamtes angehen und wahrscheinlich einen Rückgang des Ehrenamtes vergleichbar mit dem der Wohlfahrtsverbände nach sich ziehen, des Weiteren würde die Qualität der sozialen Arbeit darunter leiden. Bendele sieht ehrenamtliche Arbeit generell im Zusammenhang mit Kosten, sogar wenn sie unentgeltlich und ohne Aufwandsentschädigungen geleistet wird. „Dies alles ist nicht zum Null-Tarif zu haben, selbst dann nicht, wenn die Ehrenamtlichen zum Null-Tarif arbeiten...Neben Sachkosten entstehen auch Personalkosten, der Einsatz von ehrenamtlichen Helfer(inne)n wird von hauptamtlichen Mitarbeiter(inne)n geplant und begleitet...Ehrenamtliche Arbeit verursacht eigenen Kosten." (Bendele 1988, 86). Wobei eine geeignete Förderung des Ehrenamtes noch höhere Kosten als bisher durch Begleitung durch Professionelle und Aufwandsentschädigungen verursachen wird. „Dass es – unter heutigen gesellschaftlichen Bedingungen – eine wachsende Bereitschaft für ehrenamtliches Engagement zum Nulltarif geben könnte, ist ein noch immer verbreiteter Irrtum." (Roth 1995, 50).

Folglich gibt es keine ehrenamtliche Arbeit zum Nulltarif. Dennoch liegen die Kosten professioneller Arbeit über denen für ehrenamtliche. Und durch die Bereitschaft Professioneller ehrenamtlich zu arbeiten, bekommen die Befürchtungen vieler Hauptamtlicher, durch ehrenamtliche Arbeit ersetzt zu werden, Kontur. Die befürchteten Einsparmöglichkeiten werden allerdings von vielen Autoren kritisch gesehen. So ist es fraglich, wer die Grenzen definiert:

> „Wenn allgemein die Beschäftigung unbezahlter, gering bezahlter oder subventionierter Arbeitskräfte damit legitimiert wird, dass diese zusätzliche, ergänzende Leistungen erbringen, dann ist zu fragen, wo die Grenze zwischen den ‚normalen' und den ‚zusätzlichen' Leistungen liegt und wer hier was definiert, zu wessen Gunsten und zu wessen Lasten? Eine vor allem bei Entscheidungsträgern weit verbreitete Position, dass die Knappheit öffentlicher Gelder für Soziales unabwendbar und deshalb der Ausbau der Wohlfahrtspflege als abgeschlossen zu betrachten sei, ergibt ein schlichtes Fazit mit beträchtlichen Folgen: Alles weitere fällt in die Kategorie ‚zusätzlich' und vor allem für den Umbau der sozialen Dienste und Einrichtungen wird eine neue Mischung des Personals gerechtfertigt." (Bendele 1988, 84).

Bauer entwickelt drei Szenarien, wie sich die Soziale Arbeit in Zukunft entwickeln kann. Dabei unterscheidet er zwischen einem ‚Pionier-Ehrenamt', dass neue Arbeitsplätze schaffen kann, aber auch oft von Selbstausbeutung begleitet wird (vgl. Hering 1998), einem ‚Hilfstruppen-Ehrenamt', dass einfache Dienste ausführt und aus diesem Grund zu Entlassungen im Bereich geringqualifizierter Hauptamtlicher führen kann und einem ‚Jobkiller-Ehrenamt', bei dem qualifizierte Ehrenamtliche Hauptamtliche verdrängen (vgl. Bauer 1998a) „Alles scheint möglich – und mündet in der Prognose, dass der Weg vom Ehrenamt der Engagierten zum Arbeitsamt für die Professionellen kürzer ist, als es die vielen Beschwichtigungen der Befürworter der Ehrenamtlichkeit wahrhaben wollen." (Bauer 1998a, 2).

Das dritte Zukunftsszenario von Bauer beruft sich auf das Konzept der Bürgerarbeit von Beck, aufgrund derer es zu Entlassungen im Sozialbereich kommen wird. Im zweiten Szenario werden die prekären Arbeitsverhältnisse im dritten Sektor weiter ausgebaut, „...dass dadurch professionelle und qualitative Anforderungen unterlaufen werden, liegt auf der Hand." (Bauer 1998b, 7), das erste Szenario beschreibt Bauer folgendermaßen:

„Eine demokratische Erneuerung und Modernisierung der freiwilligen Nonprofit-Organisationen durch grundlegende institutionelle Änderungen, Qualifizierung des Personals, Nutzer/innen-Kontrolle, Transparenz und die Verbesserung der Arbeitsbeziehungen kann dazu beitragen, dass sich unter Beteiligung von Freiwilligen ein vielgestaltiges soziales Leben entwickelt...Dies setzt aber voraus, dass die Verantwortung von Staat und Politik für die Gesellschaft, für ihre hilfebedürftigen und ihre aktiven Mitglieder – für die Erwerbstätigen und die Ehrenamtlichen gleicherweise -, einen anderen Stellenwert erhält als es gegenwärtig unter dem Diktat der Ökonomie der Fall ist." (Bauer 1998b, 7).

Die Verwirklichungschancen der einzelnen Szenarien werden ambivalent eingeschätzt, wobei das Konzept der Bürgerarbeit und seine Verwirklichungschancen schon in Kapitel 3.2 behandelt wurde. Beim momentanen Stand der Diskussion wird von vielen Autoren befürchtet, dass das zweite Szenario umgesetzt wird, so verweist Rabe-Kleberg schon 1988 darauf, „...dass alle beobachtbaren Strategien darauf hinauslaufen, einerseits die erwerbslosen Absolvent(inn)en vom Arbeitsmarkt zu verdrängen, andererseits die Beschäftigung von bezahlten Arbeitskräften im Bereich sozialer Dienstleistungen zu minimieren." (Rabe-Kleberg 1988, 92). Auch Blandow sieht die neueren Strategien der Stärkung des Ehrenamtes kritisch:

„Die Politik propagiert ‚Bürgerschaftliches Engagement' als Begleitmusik zu ihrer Privatisierungs- und Deregulierungspolitik. Nicht die paar Tausend Menschen, die durch Modellprogramme, politische Reden und öffentliche Ehrungen womöglich zusätzlich geworben werden können, sind Adressaten des politischen Interesses, sondern die Millionen, die davon überzeugt werden müssen, dass ‚private Vorsorge' gerecht, dass Sozialabbau notwendig, dass ‚Anspruchsdenken' schädlich und Lohnabbau Arbeitsplätze sichert. Nur deshalb macht sich der Staat gegenwärtig zum ‚Spitzenverband' des Bürgerschaftlichen Engagements." (Blandow 1997, 31).

Favorisiert wird das erste Szenario von Bauer. Wobei davon ausgegangen wird, dass die Gesellschaft aus handelnden Subjekten besteht und aus diesem Grund auch eine Aufdeckung vermeintlicher Instrumentalisierungsversuche und eine Veränderung in Richtung des ersten Szenarios möglich wäre (vgl. Notz 1998). Kritische Äußerungen dazu in Fach- und Tagespresse sind ein erster Schritt in diese Richtung. Denn „insgesamt gesehen können die neuen individualistischen Formen des Engagements und der Mitgliedschaft den institutionell ausgeformten Sozialstaat ergänzen, aber nicht ersetzen." (Immerfall 1999, 127).

Zusammenfassend lässt sich demnach sagen, dass eine Einsparung von Kosten durch das Ehrenamt nur in sehr geringem Maße möglich wäre. Dabei ist bei einem Einsatz Ehrenamtlicher über deren Kompetenzen und Möglichkeiten hinaus, ergo wenn sie instrumentalisiert werden, mit einem qualitativen Verlust zu rechnen (vgl. Backes u.a. 1995). Da ehrenamtliche Arbeit aber auch ein gewisses Maß an Gemeinsinn in die Bevölkerung tragen soll und die Möglichkeit zu einer sinnstiftenden Tätigkeit, wird eine Instrumentalisierung an dieser Stelle ausgeschlossen.

Laien und Professionelle in der sozialen Arbeit haben ihre je speziellen Kompetenzen, die es gilt optimal einzusetzen. Dabei sollte gelten, soviel Ehrenamt wie möglich, soviel Hauptamt wie nötig, um zu einer bestmöglichen Effektivität und Effizienz zu gelangen. Dabei bedarf es zum einen einer weiteren Professionalisierung der sozialen Arbeit in der Hinsicht, dass Managamentaufgaben mehr, aber nicht nur, in die Ausbildung miteinfließen und ein selbstbewusstes Berufsbild herausgestellt wird, und zum anderen einer gelungenen Kooperation zwischen Ehren- und Hauptamtlichen, die durch eine professionelle Ausbildung und geeignete Rahmenbedingungen für beide Helfergruppen erreicht wird (vgl. Otto-Schindler 1996). Die unterschiedlichen Kompetenzen müssen erkannt werden, sowie die Tatsache, dass eine Substitution professioneller hauptamtlicher Arbeit durch ehrenamtliche zu einem Qualitätsverlust führt. Dabei schüren Tendenzen einer Substitution die Ängste und Abwehrreaktionen der Hauptamtlichen (vgl. Wessels 1994).

Dennoch ist eine Aktivierung Ehrenamtlicher begrüßenswert und sie sollte nicht abgelehnt werden, da sie mit Sparzwängen zusammenfällt, allerdings muss sie dementsprechend kritisch begutachtet werden, vor allem vor dem Hintergrund einer zunehmenden ehrenamtlichen Tätigkeit professionell

Ausgebildeter. „Wer aber Fachkompetenz erworben hat, ist Professioneller und sollte für eine qualifizierte Dienstleistung auch bezahlt werden." (Backes u.a. 1995, 12). An dieser Stelle sollten die Unterschiede zwischen bezahlter und unbezahlter Arbeit mehr Berücksichtigung finden:

> „Dass Freiwillige – im Unterschied zu Erwerbstätigen – für ihre Arbeit keinen Lohn erhalten, hat jedoch ganz entscheidende Auswirkungen auf strukturellem, sozialem und psychologischem Gebiet. Der Unterschied der Freiwilligenarbeit zur bezahlten Lohnarbeit zeigt sich in der Art und Weise, wie die Arbeit strukturiert ist; welche Erwartungen an die Arbeit gerichtet werden; welche Motive damit verbunden sind." (Bauer 1998b, 4f; vgl. auch Kapitel 3.2 und 4.3).

Auf jeden Fall bedarf es nicht einer Entfachlichung oder Auslagerung bestimmter Felder der bezahlten Arbeit in das Ehrenamt, sondern einer gelungenen Zusammenarbeit von beiden Helfergruppen, strukturellen Änderungen bei den Verbänden und Ausbildungsstätten, so dass geeignete Voraussetzungen vorliegen und genügend Wissen und Methoden für eine Zusammenarbeit den Hauptamtlichen vermittelt wurden. Aus diesem Grund ist eine Verkürzung der Ausbildungszeit (vgl. Rauschenbach 1992) oder ein stärkerer auf die Institutionen ausgeübter Finanzdruck kontraproduktiv.

3.4 Zusammenfassung

Die Erwartungen, die an das Ehrenamt herangetragen werden, führen zu dessen Überforderung. Folglich stellt das Ehrenamt keinen Garanten für Gemeinsinn dar, keine Alternative zur Erwerbsarbeit und auch keine Lösung der finanziellen Sozialstaatskrise. Dennoch ist eine Förderung des Ehrenamtes wichtig, da es zum Gemeinsinn in unserer Bevölkerung beiträgt, eine sinnstiftende Tätigkeit außerhalb der Erwerbsarbeit darstellt und weitere Kompetenzen in die soziale Arbeit trägt, die professionelle hauptamtliche Arbeit nicht übernehmen kann, da sie sonst unbezahlbar wird.

Diese Effekte des Ehrenamtes sind allerdings an bestimmte Voraussetzungen gebunden, eine Instrumentalisierung des Ehrenamtes wirkt sich kontraproduktiv aus und sollte aus diesem Grund und aufgrund der Gefahr einer Ausnutzung weiblicher unbezahlter Arbeit, vermieden werden.

In Bezug auf die Probleme der Solidarität, Erwerbsarbeit und Finanzierung des Sozialstaats bedarf es indes weiterführender, komplexerer Maßnahmen. Die Voraussetzungen die die Effekte des Ehrenamts bestmöglichst zur Geltung bringen lassen sich grob einteilen in:

- eine indirekte Förderung, die Partizipation und geeignete Rahmenbedingungen einschließt,

- eine nicht in Abhängigkeiten bringende Absicherung des Lebensunterhalts und ein soziales Zugehörigkeitsgefühl sowie eine Arbeitsplatzneutralität des Ehrenamtes

- eine geeignete Kooperation zwischen Ehren- und Hauptamtlichen, die durch eine weitere Professionalisierung der sozialen Berufe und geeignete Rahmenbedingungen gewährleistet wird.

Diese Voraussetzungen leiten zu einem Konzept der Förderung des Ehrenamtes, das eine Umsetzung auf drei Ebenen, der des Staates, der Institutionen und der Professionellen, beinhaltet. Die Darstellung eines solchen Konzeptes erfolgt im vierten Kapitel.

4. Konsequenzen für die soziale Arbeit

In diesem Kapitel werden nun die Konsequenzen für die soziale Arbeit aus den vorangegangenen Erörterungen dargestellt. Es handelt sich dabei um ein Konzept der Einbindung und Förderung des Ehrenamtes, welches die positiven Effekte des Ehrenamtes verstärkt und einer Instrumentalisierung entgegenwirkt. Die Maßnahmen eines solchen Konzeptes haben Auswirkungen auf drei Ebenen, der des Staates, der Institutionen und der Professionellen. Dieser Differenzierung schließt sich die Gliederung des vierten Kapitels an, dabei wird ferner zwischen Institutionen der Wohlfahrtspflege und Institutionen der Ausbildung der sozialen Berufe unterschieden. Wie die Einteilungen der vorangehenden Kapitel kann auch diese nur idealtypisch gesehen werden, faktisch hängen die drei Ebenen eng miteinander zusammen und es kommt zu Überschneidungen.

Die Literatur zu konkreten Fördermaßnahmen des Ehrenamtes unter den von mir erarbeiteten Gesichtspunkten ist aufgrund der Aktualität des Themas noch sehr begrenzt und oberflächlich. Aus diesem Grund werde ich bestehende Ansätze und ambivalente Haltungen dokumentieren, anschließend kommentieren und in Zusammenhang zu den vorangegangenen Kapiteln stellen. Folglich kann davon ausgegangen werden, dass die in diesem Kapitel erarbeiteten Empfehlungen einer Förderung des Ehrenamtes, auch die von mir präferierten darstellen.

Wesentlich bei den nun folgenden Empfehlungen ist die Einbettung in das bisher erarbeitete Hintergrundwissen. Dementsprechend muss sensibel darauf geachtet werden, dass es zu keiner Instrumentalisierung des Ehrenamtes oder Diskriminierung bestimmter Bevölkerungsgruppen kommt (vgl. Kapitel 3). Vorschläge zur Förderung des Ehrenamtes müssen dahingehend kritisch untersucht werden und immer wieder die Notwendigkeit einer indirekten differenzierten Förderung, die bestimmter Rahmenbedingungen bedarf, betont werden. Eine Förderung des Ehrenamtes verlangt zudem eine weitergehende Professionalisierung der sozialen Arbeit und keinen Abbau derselben.

4.1 Förderung des Ehrenamtes durch Politik und Staat

Eine angemessene Förderung des Ehrenamtes bedarf einer Reihe von Fördermaßnahmen auf der Ebene des Staates, die zum einen aus der Erarbeitung der vorigen Kapitel resultieren und zum anderen von den meisten Autoren geteilt werden (vgl. Müller-Kohlenberg/Kardorff/Kraimer 1994). Neben den generellen Maßnahmen, die von staatlicher Seite für den Gemeinsinn, die Arbeit und den Sozialstaat umgesetzt werden sollten und schon in den jeweiligen Kapiteln angesprochen wurden, soll an dieser Stelle noch einmal betont werden, dass eine der Voraussetzungen für das Ehrenamt die möglichst eigenständige Absicherung der eigenen Existenz ist (vgl. Kapitel 3.2). „Ehrenamtlich Arbeit kann nur von Menschen geleistet werden, die durch materielle und soziale Grundsicherung über die notwendige wirtschaftliche Potenz verfügen, sich ohne monetäres Entgelt zu engagieren." (Badelt 1999, 459).

Ebenso sollte eine relative Arbeitsplatzneutralität gewährleistet werden (vgl. Kapitel 3.2 und 3.3). Dieser Punkt sollte auch von den Trägern der sozialen Arbeit beachtet werden. Die staatlichen Aufgaben in Bezug auf die Ehrenamtsförderung lassen sich jedoch in den Punkten der finanziellen und gesetzlichen Förderung des Ehrenamtes verdichten (vgl. Müller-Kohlenberg/Kardorff/Kraimer 1994). Diese sind insofern Aufgabe des Staates, da aufgrund des Subsidiaritätsprinzips der Staat selbstständigen, nichtstaatlichen Lösungen Vorrang geben soll, allerdings für geeignete Rahmenbedingungen Sorge zu tragen hat:

„Ehrenamtliches Engagement ist auch Ausdruck von Subsidiarität, nach der der Staat auf die Übernahme von Aufgaben verzichtet, die von einzelnen, von kleineren Gemeinschaften oder von freien Trägern erfüllt werden können. Es ist Pflicht des Staates, diese subsidiäre Aufgabenwahrnehmung sich entfalten zu lassen." (BMFSFJ 1996, 9).

Jedoch ist es zudem Pflicht des Staates für die Entfaltung dieser Aufgabenwahrnehmung Sorge zu tragen. Dabei darf es nicht zu einer Instrumentalisierung des Ehrenamtes kommen, auf die dadurch entstehenden Gefahren wurde bereits mehrfach hingewiesen (vgl. Kapitel 2.7 und 3). Es müssen vielmehr differenzierte, langfristige und weitläufige Konzepte gefunden und realisiert werden. „Eine Politik, die ehrenamtliche Arbeit ernsthaft fördern und Teile der sozialstaatlichen Versorgung damit gewährleisten will, sollte sich der notwendigen Querverbindungen zum Erwerbs- und Sozialsystem bewusst sein." (Badelt 1999, 459).

Die Chancen und Grenzen des Ehrenamtes sollten auch auf der staatlichen Ebene bekannt sein und respektiert werden, dabei müssen neue Erkenntnisse und ungeeignete Methoden von den Institutionen und Professionellen aufgedeckt und verdeutlicht werden (vgl. Kapitel 3.3).

„Ehrenamtliche Arbeit hat direkte und indirekte Verteilungsfolgen. Wird sie zur Entlastung öffentlicher Haushalte eingesetzt, so entlastet eine solche Politik den allgemeinen Steuerzahler und belastet jene Personen, die ehrenamtliche Arbeit leisten. Diese tragen mit ihrer Arbeitskraft die ökonomischen Wirkungen dessen, was in der Politik als ‚Einsparung' gepriesen wird. Ein solcher Effekt kann erwünscht oder unerwünscht sein, in jedem Fall muss aufgezeigt werden, welche Bevölkerungsgruppen auf welche Weise betroffen sind." (Badelt 1999, 459f).

Von staatlicher Seite sollte zudem eine weitere Forschung im Bezug auf ehrenamtliche Tätigkeiten angestrebt werden. Auf die Notwendigkeit einer solchen Forschung wurde bereits in Kapitel 2.3 hingewiesen (vgl. Kistler/Noll/Priller 1999). Dabei ist die Einbettung in Praxisbezüge und breitere Zusammenhänge sowie tiefergehende Auseinandersetzungen notwendig:

„Dies ist die Herausforderung, derentwegen eine tiefergehende Auseinandersetzung mit Messkonzepten dringend notwendig ist. Sie wird, in einem ganz anderen, praktischen Sinne noch drängender, da in der Politik (ziemlich querbeet über alle Lager) das Ehrenamt etc.

allzu gerne als Antwort, als Lösung auf verschiedenste Fragen und Probleme gehandelt wird, bei denen sich die Politik den schwierigen direkten Lösungsversuchen am liebsten klammheimlich entziehen möchte." (Kistler/Schäfer-Walkmann 1999b, 38)

Des Weiteren wird in der momentanen Diskussion das Ehrenamt gerne von Politikern zur Profilierung benutzt. Obwohl in diesem Zusammenhang dem Ehrenamt Anerkennung gezollt wird, fehlen hier den Worten die Taten, eine konkrete Förderung unterbleibt. Es soll lediglich Bürgernähe demonstriert und gleichzeitig gespart werden (vgl. Blandow 1997). Begründet wird dies mit der momentanen Finanznot und dem Hinweis, sich neue Finanzquellen zum Beispiel durch Sponsoring selbst zu erschließen. Eine unsichere Finanzierung wirkt sich jedoch negativ auf die Qualität der Arbeit aus. Körber bestätigt, dass zumindest eine Grundfinanzierung vorhanden sein muss, auf die dann durch Spenden, Mitgliedsbeiträgen oder Sponsoring aufgebaut werden kann (1997)[40].

Dabei ist, um eine Bürgernähe herzustellen, eine wirkliche Beteiligung der Bürger nötig sowie eine transparentere Politik (vgl. Leif 1998) und ehrliche Anerkennung der ehrenamtlichen Arbeit. Die momentanen Kampagnen zum ,Tag des Ehrenamtes' oder der Anerkennung durch Urkunden haben nicht die gewünschte Wirkung, da eine geeignete und die Motive des Ehrenamtes beachtende Unterstützung unterbleibt (vgl. Böhle/Kratzer 1999). Ehrenamtliche wollen zwar keine Honorare, aber Aufwandsentschädigungen. Eine geeignete Infrastruktur und die Voraussetzungen dafür zu schaffen wäre m.E. Aufgabe des Staates, da eine Rückführung der gestiegenen sozialen Aufgaben in frühere Formen und Netze, wie die Familie, nicht möglich ist (vgl. Müller-Kohlenberg 1994). Eine Förderung auf lokaler Ebene würde hingegen zu Ungleichheiten in den Ausprägungen und Finan-

---

[40] Dass es ganz ohne staatliche Unterstützung nicht geht, zeigt zudem die Stiftung Bürger für Bürger, die seit dem Auslaufen der staatlichen Mittel nicht mehr im Internet zu finden ist und nach eigenen Angaben ihre Tätigkeiten aufgrund unzureichender Finanzierungsmöglichkeiten einstellen musste.

zierungsmöglichkeiten führen und ist aus diesem Grund m.E. nicht zu präferieren.

Auch Müller-Kohlenberg/Kardorff/Kraimer fordern eine finanzielle Förderung der Infrastruktur. Sie soll unabhängigen Projekten und Initiativen sowie bestehenden Institutionen zugute kommen, damit eine geeignete Infrastruktur auf- oder ausgebaut werden kann und die Gewinnung und Begleitung Ehrenamtlicher sichergestellt ist (vgl. Müller-Kohlenberg/Kardorff/Kraimer 1994, 131ff). An dieser Stelle auf bereits bestehende Institutionen aufzubauen wäre m.E. sinnvoller, als neue Einrichtungen zu etablieren, wie dies derzeit mit Freiwilligenzentren geschieht. Wo allerdings keine geeigneten Strukturen vorhanden sind, kann auch ein Freiwilligenzentrum, dass die in dieser Arbeit erarbeiteten Bedingungen berücksichtigt, sinnvoll sein (vgl. Kapitel 4.2).

Aber auch die administrativ-organisatorische bzw. gesetzliche Förderung des Ehrenamtes muss gewährleistet werden, darunter „...soll die Fassung von Verwaltungsvorschriften verstanden werden, die für soziales Engagement vorteilhaft bzw. stützend oder absichernd sind." (Müller-Kohlenberg/Kardorff/Kraimer 1994, 159). Hierunter fallen Unfall- und Haftpflichtversicherung, die Anrechnung auf Rentenansprüche, die steuerliche Absetzbarkeit, aber auch die Festlegung der Stundenzahl der Hauptamtlichen und eine Berichtspflicht über ihre ehrenamtliche Arbeit sowie ein Ausweis (vgl. Müller-Kohlenberg/Kardorff/Kraimer 1994).

Dabei ist die Anrechnung auf Rentenansprüche (vgl. auch Böhle/Kratzer 1999) sehr umstritten, da es sich hierbei um monetäre Transferleistungen handelt, die ebenso wie höhere Honorare eine Abgrenzung zur Erwerbsarbeit erschweren würden (vgl. Kapitel 4.2). Notz empfiehlt an dieser Stelle eine einkommensunabhängige Mindestrente für alle, um das Problem der Altersabsicherung zu lösen (vgl. Notz 1987, 198ff). Solche Modelle wären m.E. eher zu begrüßen, als eine Altersabsicherung der (größtenteils) Frauen über ihre ehrenamtliche Tätigkeit.

Die steuerliche Absetzbarkeit von geleisteten Stunden ist ebenfalls umstritten, da eine Absetzbarkeit der Stunden auch einen genauen Nachweis erfordert, der m.E. gegen das eigentliche Wesen der ehrenamtlichen Arbeit angeht, das daraus besteht, Zeit zu haben und eben nicht nach Stunden abgerechnet zu werden. Eine Festlegung der Stundenzahlen der für die Betreuung der Ehrenamtlichen zuständigen ist hingegen begrüßenswert. Inwiefern sich eine Berichtspflicht über die Arbeit mit Ehrenamtlichen positiv auf die Arbeit auswirkt, kann an dieser Stelle nicht beurteilt werden.

Ein Ausweis, der die Ehrenamtlichen als solche z.B. in Krankenhäusern zu erkennen gibt, wird in diesem Zusammenhang auch von Seiten der Ehrenamtlichen begrüßt (vgl. Notz 1987, 197). Solche Ausweise existieren bereits in einigen Bereichen, eine einheitliche Regelung würde zu ihrer Anerkennung beitragen. Es wird zudem diskutiert, ob derartige Ausweise zur kostenlosen oder ermäßigten Benutzung öffentlicher Verkehrsmittel und anderer öffentlicher Einrichtungen berechtigen sollten (vgl. Schumacher/Stier 1997). Dadurch werden allerdings m.E. die Motive für die Aufnahme eines Ehrenamtes eher missachtet. Die Möglichkeiten der Anerkennung sollten individueller auf die einzelnen Ehrenamtlichen zugeschnitten werden. Eine derartige Art der Anerkennung bringt hingegen erneut eine Anonymität und Bürokratie mit sich, die vermieden werden sollte (vgl. Kapitel 3.3). Denn auch hier stellt sich erneut die Frage, ab welcher Anzahl geleisteter Stunden, in welchem Zeitraum ein derartiger Ausweis samt seiner Vergünstigungen gewährt werden soll. Ergänzend hierzu verweist Notz auf die Notwendigkeit einer einheitlichen Regelung der Bescheinigungen für die geleistete ehrenamtliche Arbeit, um zu einer Anerkennung durch Arbeitgeber und Ausbildungsstätten zu gelangen (vgl. Notz 1987, 198). Zu beachten ist m. E. allerdings, dass die Tätigkeiten beschrieben werden und nicht nur eine Aufzählung nach Bereich und Stunden geschieht. Ehrenamtliche Tätigkeiten finden bereits bei vielen Bewerbungen Anerkennung, eine Anerkennung bei Ausbildungseinrichtungen ist m.E. ambivalent, so hätte man hier wiederum das Problem bei welcher Stundenzahl die Grenze gesetzt wird und es besteht die Gefahr, dass ehrenamtliche Arbeit zum Zwang wird, da nur durch sie der angestrebte Ausbildungsplatz erreicht wird. Jedoch sollte die ehrenamtliche Arbeit berücksichtigt werden, wenn für die Ausbildung ein Praktikum notwendig ist und die Beschreibung der Bescheinigung gleiche Merkmale wie das erforderliche Praktikum aufweist.

Badelt macht zudem darauf aufmerksam, dass die ehrenamtliche Arbeit nicht schlechteren Arbeitsbedingungen unterliegen sollte, als die bezahlte Arbeit. Einer Selbstausbeutung muss entgegengewirkt werden, ohne aber die ehrenamtliche Arbeit gänzlich zu reglementieren. (Badelt 1999, 460).

Für das freiwillige soziale / ökologische Jahr ist eine derartige gesetzliche Förderung bereits sichergestellt, hier mangelt es jedoch teilweise an der Umsetzung der Institutionen. Die in diesem Bereich gemachten Erfahrungen werden ansonsten größtenteils positiv eingeschätzt und sollten zumindest teilweise in die Förderung des Ehrenamtes einfließen (vgl. Wessels 1994).

In diesem Zusammenhang sollte der Gesetzgeber auf eine einfachere und vermehrte Bewilligung von Sonderurlaub und Arbeitsplatzfreistellung für ehrenamtliche Tätigkeiten mit eben geschilderten Rahmenbedingungen hinwirken. Das erfordert natürlich auch eine andere Orientierung und Schwerpunktsetzung. Hinter der Ehrenamt-Debatte stecken tiefgründige Auseinandersetzungen „...insbesondere verschiedene Leitbilder von Staat, Sozialpädagogik, etc., ja differierende Menschenbilder." (Kistler/Schäfer-Walkmann 1999b, 30). Aus diesem Grund erscheinen m.E. ‚einfache' Anleitungen zur Förderung des Ehrenamtes, wie sie z.B. von Müller-Kohlenberg/Kardorff/Kraimer (1994) vorgestellt werden, zwar als richtig, aber dennoch als oberflächlich.

Schließlich müssen die geschlechtsspezifischen Auswirkungen einer undifferenzierten Förderung des Ehrenamtes beachtet werden.

„Da mit unentgeltlicher Tätigkeit weder eigenes Einkommen noch eigenständige soziale Absicherung verbunden sind, kann eine undifferenzierte Politik zur Förderung der ehrenamtlichen Arbeit auf eine Verfestigung der Abhängigkeit der Frauen oder auf eine Verstärkung ihrer Benachteiligung hinauslaufen...Eine Politik, die auf den Abbau von Frauendiskriminierung gerichtet ist, kann daher im Sozialbereich nicht pauschal ehrenamtliche Arbeit fördern,...dieses Ziel ist nur dann zu realisieren, wenn sowohl die eigenständige wirtschaftliche und soziale Absicherung der Frauen als auch die ehrenamtliche Arbeit der Männer angestrebt wird." (Badelt 1999, 460).

4.2 Förderung des Ehrenamtes durch Institutionen

Eine Förderung des Ehrenamtes geht auch mit Veränderungen auf der Ebene der Institutionen einher. In Kapitel 2.6 wurde die Abwanderung der Ehrenamtlichen aus den traditionellen Verbänden beschrieben und in Kapitel 3.1 die kalte, bürokratische und überkommene Arbeitsweise einiger Institutionen kritisiert. Müller-Kohlenberg/Kardorff/Kraimer (1994) weisen auf die negative Einstellung, ablehnende Haltung, Geringschätzung und Klientifizierung sogar der Koordinatoren für Ehrenamtlichkeit in den Verbänden gegenüber den Kompetenzen der Ehrenamtlichen hin. Damit es zu einer Veränderung der Einstellungen und einer besseren Zusammenarbeit von Haupt- und Ehrenamtlichen kommen kann, bedarf es der Veränderungen bei den Institutionen.

Angesprochen sind in diesem Zusammenhang die Institutionen der Träger der sozialen Arbeit sowie die Ausbildungsinstitutionen für soziale Berufe. Aus diesem Grunde werde ich jeweils einzeln auf deren Förderungsmöglichkeiten eingehen.

4.2.1 Institutionen der Wohlfahrtspflege

Von den Trägern der sozialen Arbeit müssen gewisse Rahmenbedingungen für das Ehrenamt geschaffen werden, damit eine indirekte und differenzierte Förderung des Ehrenamtes gewährleistet werden kann. Notwendig ist ebenso eine Verabschiedung von dem Gedanken, das Ehrenamt für institutionelle Zwecke instrumentalisieren zu können. So wurde das Ehrenamt zwar bisher häufig als ‚Guthaben' verbucht, aber an dieses Guthaben richten sich in immer größerem Maße bestimmte Bedingungen (vgl. Sturzenhecker 1998).

In der Literatur tauchen zwei Modelle der verbandlichen Einbindung Ehrenamtlicher auf, die sich in ihren Beschreibungen sehr ähnlich sind. Während Sturzenhecker zwischen Institutionen unterscheidet, die sich durch eine stärkere Öffnung gegenüber neuen Methoden auszeichnen oder sich auf traditionelle Konzepte besinnen, beschreiben Jakob/Olk zum einen einen traditionellen Umgang mit Ehrenamtlichen, der diese als Hilfsarbeiter ansieht. Diesen Typ umschreiben sie mit „Tendenzen einer Instrumentalisierung und Marginalisierung des Ehrenamtes". Zum anderen konstatieren sie einen Umgang mit Ehrenamtlichen, bei dem diese die Chance der Partizipation erhalten und ehrenamtliche, biographische Aspekte beachtet werden. Diesen Typ kennzeichnen sie mit „Akzeptanz und Offenheit gegenüber dem ehrenamtlichen Engagement" (Jakob/Olk 1995, 20f). Sturzenhecker zeigt dabei die Vor- und Nachteile beider Ausprägungen auf: „Beide zugespitzte Typen verbandlicher Orientierung haben dabei ihre Risiken: die weitere Öffnung kann in Diffusion geraten; die Kernorientierung in Fundamentalismus enden." (Sturzenhecker 1998, 31). Dennoch präferieren alle Autoren das ‚offene' Modell.

Damit konkrete Empfehlungen für die Institutionen jedoch nicht nur oberflächlich bleiben und es zu einer generellen Verbesserung in der Arbeit mit den Ehrenamtlichen kommt, bedarf es einer festen Einbindung des Ehrenamtes in das Grundkonzept der Institution. Dies vor allem vor dem Hintergrund der fehlenden Zeit und Qualifizierung für die Personalplanung mit Ehrenamtlichen. „Eine geplante Gestaltung des Umgangs mit Freiwilligen erscheint dann eher als eine zusätzliche Belastung, bei ohnehin hohem Arbeitsdruck." (Sturzenhecker 1998, 32). Von daher muss die Arbeit mit Ehrenamtlichen im Konzept verankert sein und es müssen zeitliche und finanzielle Ressourcen zur Verfügung gestellt werden.

Für eine institutionelle Veränderung in der Zusammenarbeit mit Ehrenamtlichen bedarf es dementsprechend folgender Voraussetzungen:

Die Notwendigkeit einer Veränderung muss von allen gesehen und anerkannt werden, die Rahmenbedingungen für den veränderten Umgang müssen in das Grundkonzept aufgenommen werden, dieses muss von allen akzeptiert werden, für die Umsetzung muss ein Koordinator gefunden werden, der für diese Stelle qualifiziert ist und es müssen zeitliche und finanzielle Mittel für die Arbeit mit den Ehrenamtlichen zur Verfügung gestellt werden (vgl. Sturzenhecker 1998). Diesem Entwurf zur Gestaltung einer konzeptionellen Einbindung des Ehrenamtes in die Institutionen schließe ich mich an.

Über die konkreten Maßnahmen, die von den Institutionen für die Förderung des Ehrenamtes ergriffen werden sollten, existieren bei den Autoren leicht differenzierende Vorstellungen. Um eine Übersicht zu geben, wähle ich eine Tabelle von Sturzenhecker, die sich an den Umgang mit den neuen Ehrenamtlichen richtet:

Was wollen Ehrenamtliche?	Out	In
1. (Begrenzte) Aktivitäten auswählen nach eigenen Interessen und Fähigkeiten	Vereinnahmung mit ‚Haut und Haar‘	Angebotspalette: Differenzierte *Teil*-Aufgaben für vielfältige Interessen und Fähigkeiten
2. Aktivitäten selbst bestimmen	Bestimmung von ‚oben‘ (Vorstände, Gremien, Verbandslinie, Erwachsenenverband) oder ‚Kampf‘	Freiraum und Unterstützung für individuelle Gestaltung. Ermöglichung von Differenz und Dissens
3. Nicht überfordert werden, zeitlicher Rahmen muss begrenzbar und planbar sein	Überfrachtung mit Aufgaben. Prinzip ‚Eine/r für Alles‘	Zeitliche Begrenzung der Aufgaben. Aufteilung auf mehrere Schultern. Flexibilisierung der Aufgaben

4. Sich selber und anderen helfen (Selbsthilfeprinzip)	Selbstlosigkeit	Durch Eigennutz auch anderen nützen. Interessen und Themen der Ehrenamtlichen aufgreifen
5. Kontakt und Kooperation, aber nicht Vereinnahmung	Aufgehen in der Gemeinschaft	Individualisierungsgewinn und Gemeinschaftserfahrung ohne Zwang
6. Fachliche Anleitung und Absicherung	Arroganz der Experten und/oder Alleinwursteln der Ehrenamtlichen	Partnerschaft von Experten und Ehrenamtlichen, Ausbildung, Alltagserfahrung
7. Versicherung und Entschädigung	Ausbeutung	Aufwandsentschädigungen, Gruppenleiterpauschalen
8. Anerkennung individueller Leistung	Vereinnahmung der Leistung für Verbandsimage	Präsentation individueller Leistung durch Bezugspersonen und in der Öffentlichkeit

Abb. 5: Wünsche der neuen Freiwilligen und die Antworten der Verbände / Organisationen (Sturzenhecker 1998, 36)

Um den Wünschen der neuen Ehrenamtlichen, aber auch traditioneller Ehrenamtlicher gerecht zu werden, ist es folglich notwendig, den hauptamtlichen Professionellen, die mit der Gewinnung und Betreuung beauftragt sind, gewisse zeitliche, finanzielle und infrastrukturelle Ressourcen zur Verfügung zu stellen, sowie ihnen Möglichkeiten der Fort- und Weiterbildung einzuräumen. Müller-Kohlenberg/Kardorff/Kraimer (1994) finden es zudem wichtig, die Einbindung der Arbeit mit Ehrenamtlichen in das Berufprofil der Hauptamtlichen schon in den Stellenanzeigen zum Ausdruck zu bringen.

Die Möglichkeiten und Grenzen von ehrenamtlicher Arbeit müssen in den Institutionen bekannt sein und respektiert werden, d.h. es sollte zu keiner Instrumentalisierung des Ehrenamtes kommen. Damit kann den Hauptamtlichen auch die Angst vor einer Ersetzung ihres Arbeitsplatzes oder einer Abwertung ihrer Arbeit genommen werden (vgl. Kapitel 3.3). Für eine geeignete Förderung des Ehrenamtes trägt folglich neben einer klaren Rollenzuschreibung auch ein gutes Arbeitsklima bei, das durch Rahmenbedingungen der Institutionen gewährleistet werden kann. Es geht demnach darum, beide Arbeitsformen nach ihren Möglichkeiten zu fördern und nicht die Arbeit der Hauptamtlichen in der allgemeinen Ehrenamtseuphorie unterzubewerten (vgl. Bauer 1998b).

Weitere Aufgaben der Institutionen sind, den Ehrenamtlichen Möglichkeiten zur Partizipation und Mitwirkung an für ihren Bereich wichtigen Entscheidungen einzuräumen, sowie Öffentlichkeitsarbeit zur Stärkung des Ehrenamtes zu betreiben und mit anderen Institutionen und Interessensgruppen zu kooperieren.

Diese Ansätze einer Förderung auf institutioneller Ebene werden in ähnlicher Form ebenfalls von Müller-Kohlenberg/Kardorff/Kraimer (1994), Otto-Schindler (1996) und Olk (1996) vertreten. Im folgenden werde ich einzelne Punkte der Fördermaßnahmen getrennt behandeln und auf etwaige Unterschiede bei den Autoren hinweisen.

Partizipation

Dass Ehrenamtliche auch Mitbestimmung wollen, ist für viele Institutionen und auch professionelle Hauptamtliche neu. Beispielsweise werden Weiterbildungsveranstaltungen von Hauptamtlichen organisiert, ohne dass Ehrenamtliche in die Planung miteinbezogen werden (vgl. Otto-Schindler 1996).

> „Die Vorbereitung und Begleitung ehrenamtlicher Mitarbeit durch Fortbildungs- und Supervisionsveranstaltungen, mit deren Hilfe vor allem auch die Erfahrungen aus dem ehrenamtlichen Engagement reflektiert werden können, die sorgfältige und gezielte Vorbereitung hauptamtlicher, beruflich qualifizierter Mitarbeiter auf den Umgang mit ehrenamtlichen Helfern als auch die Bereitstellung von Möglichkeiten zur Mitwirkung und Mitgestaltung des innerverbandlichen Geschehens sind wichtige Elemente eines angemessenen Umgangs mit der ‚neuen Ehrenamtlichkeit'. Nur wenn die ehrenamtlichen Helfer glaubhaft das Gefühl vermittelt bekommen, dass ihnen ein Eigenwert, eine Eigenständigkeit innerhalb der Verbände zugestanden

wird, werden sie angesichts der vielfältigen Möglichkeiten alternativer Zeitverwendung bereit sein, ihre freie, disponible Zeit den Trägern der Wohlfahrtspflege zur Verfügung zu stellen." (Olk 1996, 152).

Aufwandsentschädigung

Die monetäre Entschädigung ehrenamtlicher Arbeit ist ein brisanter Diskussionspunkt. Relativ einig ist man sich darüber, dass Ehrenamtliche, die schon ihre Zeit und Fähigkeiten zur Verfügung stellen, nicht auch noch entstehende Kosten, wie etwa Fahrtkosten, selber tragen sollten. Ansonsten würde es zu einer weiteren Förderung eines ,elitären' Ehrenamtes kommen, bei dem die Forderung nach Aufwandsentschädigungen weiterhin diffamiert wird (vgl. Notz 1987). Aus verwaltungstechnischen Gründen wird daher häufig eine Pauschale ausgezahlt, dabei wird die Höhe dieser geldwerten Leistung divergierend diskutiert. Für eine höhere Pauschale spricht, dass damit eine höhere Anerkennung verbunden ist und andernfalls anfallende Fahrten, die nicht mehr durch die Pauschale gedeckt werden, nicht getätigt werden. Die Untersuchung von Otto-Schindler (1996) kommt allerdings zu dem Ergebnis, dass Ehrenamtliche nur eine geringe Entschädigung verlangen und auch Fahrten über den Pauschalbetrag hinaus getätigt werden. Eine geringere Pauschale hätte zudem den Vorteil, dass die Grenzen zu der bezahlten hauptamtlichen Arbeit nicht zunehmend verwischt werden und die Gefahr einer Instrumentalisierung verringert wird (vgl. Kapitel 3.2). Gegen das Ehrenamt als zusätzliche Arbeit neben der Erwerbsarbeit spricht auch die Anerkennung der ehrenamtlichen Leistung durch geldwerte Vorteile, wie sie in der Bürgerarbeit aufgetaucht sind (vgl. Kapitel 3.2). Die Kontroversen bezüglich der Anerkennung der Rentenansprüche wurden bereits in Kapitel 4.1 dargestellt.

Für eine geeignete Anerkennung der ehrenamtlichen Arbeit ist m.E. eine angemessene Aufwandsentschädigung, die die entstandenen Kosten auf jeden Fall deckt, ausreichend. Wichtiger als die monetäre Leistung ist darüber hinaus die Gewährleistung der geforderten immateriellen Anerkennung, die ein Eingehen auf die jeweilige Person oder Gruppe, eine Partizipation, Begleitung und Anerkennung gewährleistet, die den Sinn und die Freude an der Tätigkeit ausmacht und zur Aufnahme oder Weiterführung des Ehrenamtes beiträgt. „Die Möglichkeit, eine Arbeit im Rahmen von ehrenamtlicher Tätigkeit eigenverantwortlich ausführen und gestalten zu können, wäre so gesehen auch eine besondere Form von ‚Gegenleistung' für eine ehrenamtliche Betätigung, die sich nicht nur auf den unmittelbaren ‚Spaß' beschränkt." (Böhle/Kratzer 1999, 285). Die Gewährleistung der Rahmenbedingungen für das Ehrenamt ist aber dennoch mit Kosten verbunden, die über die Erstattung der Aufwandsentschädigungspauschale hinausgehen (vgl. Otto-Schindler 1996).

Öffentlichkeitsarbeit

Konsens besteht auch im Hinblick auf die Notwendigkeit einer Öffentlichkeitsarbeit bezüglich der Förderung des Ehrenamtes. Dabei werden jedoch m.E. einige Aspekte einer gelungenen Öffentlichkeitsarbeit verfehlt. In der sozialen Arbeit auf Öffentlichkeitsarbeit und insbesondere Marketing hinzuweisen, ist jedoch wichtig, da durch die bisherige Abwesenheit einer öffentlichen Darstellung der meisten Bereiche der sozialen Arbeit Raum für Spekulationen gelassen wurde, der sich negativ für die soziale Arbeit erwies.

Um die Attraktivität des Ehrenamtes mit seinen neuen Formen herausstellen zu können, bedarf es einer Öffentlichkeitsarbeit, die von den Institutionen gewollt und unterstützt wird (vgl. z.B. Müller-Kohlenberg/ Kardorff/Kraimer 1994). Dabei hängt es von der Größe der Einrichtung, der Qualifikation und den Interessen der Mitarbeiter ab, wer die Aufgabe der Öffentlichkeitsarbeit übernimmt und welchen Umfang sie einnehmen sollte. Des Weiteren sollte sie ehrlich, informativ, interessant, kreativ und positiv sein und Bezug zu etwaigen Kritiken enthalten. Eine aufgesetzte Öffentlichkeitsarbeit wirkt hingegen kontraproduktiv, da die geweckten Erwartungen nicht erfüllt werden können (vgl. Deutscher Bundesjugendring 1997). Dieser Punkt wird m.E. von einigen Kampagnen, die sich für eine Stärkung des Ehrenamtes stark machen, zu wenig bedacht.

Müller-Kohlenberg/Kardorff/Kraimer (1994) verweisen auf Plakataktionen und Stellengesuche in der Tageszeitung zur Ansprache potentieller Ehrenamtlicher, diese fallen m.e. zur Gewinnung neuer Ehrenamtlicher jedoch heraus, da sie eine individuelle Ansprache der Personen ausschließen. Über diesen Weg können lediglich Informationen über Institutionen verteilt oder das Image verbessert werden. Produktiver für die Gewinnung neuer Ehrenamtlicher ist es hingegen, bestehende Kontakte von Institutionen auszubauen und z.b. nach Veranstaltungen und aufgrund von ansprechendem Informationsmaterial und zur Diskussion anregenden Veröffentlichungen, einzelne interessierte Personen anzusprechen. Dies sind Erkenntnisse, die sich auch langsam im Marketingbereich durchsetzen[41]. Der Hinweis von Müller-Kohlenberg/Kardorff/Kraimer (1994) zwischen Öffentlichkeit und Fachöffentlichkeit zu unterscheiden, erübrigt sich, wenn die Notwendigkeit einer genauen Zielgruppenansprache bei jeglicher Öffentlichkeitsarbeit beachtet wird (vgl. Deutscher Bundesjugendring 1997). Aber auch bei der Öffentlichkeitsarbeit, Gewinnung von neuen Mitarbeiter und Organisation der ehrenamtlichen Arbeit müssen Ehrenamtliche miteinbezogen werden, denn „Ehrenamtliche Arbeiter/innen wollen und können ihre Arbeit selbst koordinieren." (Notz 1987, 197).

Kooperation

Ein weiteres Manko vieler Institutionen liegt in der fehlenden Kooperation untereinander und mit anderen Interessengruppen. Beispielsweise gibt es im Selbsthilfebereich bereits bestehende Selbsthilfekontaktstellen sowie Konzepte für die Integration von Selbsthilfegruppen und die Weiterbildung von Selbsthilfekoordinatoren. Die an dieser Stelle gemachten Erfahrungen und die bereits existierenden Strukturen werden jedoch nur selten in die Diskussionen um das Ehrenamt integriert (vgl. Kettler 1997). Ebenso müsste es zu einer stärkeren Kooperation untereinander kommen, damit

---

[41] Es handelt sich hierbei um Erkenntnisse aus der von mir besuchten Veranstaltung ‚Marketing für soziale Einrichtungen' von Katharina Westermeyer im Sommersemester 1999.

bereits gemachte Erfahrungen mit neuen Konzepten zur Ehrenamtsförderung ausgetauscht werden können. Ansonsten kann es zu einem Zwang zur Kooperation durch die Politik aufgrund von Sparzwängen kommen, da Institutionen zusammengelegt und gebündelt werden sollen (vgl. Kettler 1997).

Für eine aktive Kooperation stellen die zahlreichen Fachtagungen m.E. einen Schritt in die richtige Richtung dar. Aber auch für Fachtagungen müssen zeitliche, personelle und finanzielle Ressourcen vorhanden sein, diese zu ermöglichen ist Aufgabe der Institutionen, nur dann kann ressourcenorientiert auf bestehende Konzepte, Erfahrungen und Strukturen aufgebaut werden.

‚Altes' Ehrenamt

Die neueren Konzepte zur Förderung beziehen sich lediglich auf das neue Ehrenamt. Jedoch gibt es nach wie vor Ehrenamtliche traditionellen Typs (vgl. Kapitel 2.6), die in der momentanen Euphorie kurzfristiger Projekte m.E. nicht an den Rand gedrängt werden dürfen. Auch wenn dieser Typ sich eventuell eher instrumentalisieren und ausbeuten lässt, muss auch hier auf eine geeignete und individuelle Förderung im vorgestellten Rahmen geachtet werden, damit es nicht zu Frustrationen und einem ‚Burn-out' bei den Ehrenamtlichen kommt (vgl. Badelt 1999). Ebenso darf nicht auf die Bereitschaft professioneller Ehrenamtlicher gehofft werden, sich unentgeltlich auf längere Sicht zu engagieren (vgl. Wessels 1994).

Ergo sollten die Institutionen nicht versuchen, mit dem Ehrenamt zu sparen, sondern die Ressourcen und besonderen Fähigkeiten, die die unterschiedlichen Ehrenamtliche mit sich bringen, möglichst effektiv und mit einer langfristigen Sicht einzusetzen.

Zudem ist m.E. fraglich, ob wirklich alle neuen Ehrenamtlichen nur in kurzfristigen Projekten untergebracht werden wollen, oder ob sie nicht auch eine Gegenerfahrung in unserer ‚schnelllebigen Zeit' suchen und von daher ein regelmäßiges Engagement mit Höhen und Tiefen sowie einer geeigneten Begleitung präferieren (vgl. Brenner/Hafeneger 1996).

Freiwilligenzentren

Die Einrichtungen der Freiwilligenzentren nehmen in der Debatte um das neue Ehrenamt einen immer größeren Raum ein. Sie versprechen einen zeitgemäßen Umgang mit den Ehrenamtlichen, der von den Verbänden nicht geleistet wird (vgl. Kapitel 2.6). Ihr Vorteil liegt dabei in der Unabhängigkeit ihrer Institution und der Möglichkeit, eingefahrene Strukturen bei den Wohlfahrtsverbänden aufbrechen zu können (vgl. Rauschenbach 1998). Mir stellt sich an dieser Stelle die Frage, warum neue Institutionen eingerichtet werden müssen, obwohl sich an anderer Stelle über die Expansion des sozialen Bereichs beschwert wird (vgl. Kapitel 3.3). Durch die Zentren kann auch nicht das Problem der Einbindung Ehrenamtlicher aus den Verbänden ausgelagert werden, denn es bedarf nach wie vor der Veränderungen bei den Verbänden, da die ehrenamtliche Arbeit zum größten Teil dort geschieht (vgl. Sturzenhecker 1998).

Jedoch tun sich die Verbände mit der Einbeziehung der Ehrenamtlichen schwer (vgl. Otto-Schindler 1996). Von daher sind Institutionen, die diese Veränderung vorantreiben, zu begrüßen. Durch derartige Einrichtungen können zudem die immer häufiger auftretenden unabhängigen Initiativen beraten werden (vgl. Müller-Kohlenberg/Kardorff/Kraimer 1994). Für Beratungsstellen in Ehrenamtlichen Dingen spricht zudem, dass in unserer heutigen differenzierten Gesellschaft Beratungsstellen zunehmend nötig sind (vgl. Barabas 1999, 15ff).

Allerdings bedarf es großer Anstrengungen, eine neue Institution bekannt zu machen und im Umfeld zu verankern[42]. Die Werbung und Veröffentlichungen bezüglich der Freiwilligenzentren weist zudem einen oberfläch-

---

[42] Bei einem Meinungsbild in meinem Bekanntenkreis, zu dem auch Studenten der sozialen Arbeit gehören, hatte keiner bisher von einem Freiwilligenzentrum o.ä. gehört.

lichen Charakter auf, der die in den vergangenen Kapiteln herausgearbeitete Komplexität nicht erkennen lässt. Hier wäre es meiner Meinung nach sinnvoller, auf bestehende Strukturen aufzubauen und Beratungs- und Vermittlungsstellen für Ehrenamtliche an ähnliche Einrichtungen anzugliedern (vgl. Barabas 1999, 15ff). In der momentan propagierten Form der Freiwilligenzentren erscheinen mir diese eher als Ausrichtungen auf einen allgemeinen Trend, mit dem sich Politiker zudem gerne profilieren.

Wichtig ist hingegen, dass die Rahmenbedingungen und eine geeignete Einbindung des Ehrenamts vorhanden sind, wenn diese nicht durch Verbände oder in Angliederung an bereits bestehende Institutionen, wie den Selbsthilfekontaktstellen oder anderen Beratungsstellen, gewährleistet werden können, kann die Einrichtung eines speziellen Freiwilligenzentrums notwendig sein. Die Frage an dieser Stelle ist, ob das Netz an Beratungs- und Vermittlungsstellen dadurch besser wird, dass es unübersichtlicher wird. Anzustreben ist demnach ein dichtes Netz an Institutionen, bei dem einzelne Institutionen übergreifend beraten, informieren und gegebenenfalls weitervermitteln können. „Für die Organisationen liegt in der Öffnung für neue Freiwillige eine enorme Chance, die Qualität und Quantität ihrer Arbeit auszuweiten und auf aktuelle soziale Probleme adäquater reagieren zu können. Die Freiwilligenzentralen können mit ihren Kompetenzen den Verbänden bei einer Veränderung in diese Richtung unterstützen." (Sturzenhecker 1998, 37).

4.2.2 Institutionen der Ausbildung

In Kapitel 3.3 wurde bereits die Statusunsicherheit vieler Professioneller angesprochen, die zu Unsicherheiten im Umgang mit Ehrenamtlichen und Klienten führt. Ehrenamtliche werden klientifiziert, im Gegenzug dazu wird von einigen Ehrenamtlichen die Kompetenz der Professionellen angezweifelt (vgl. Otto-Schindler 1996). Aus diesem Grund wird neben einer Verbesserung der Rahmenbedingungen auch eine verbesserte Ausbildung der Professionellen gefordert (vgl. Jakob/Olk 1995). Dabei wird zwischen einer Einbeziehung von Wissen über Ehrenamtliche und sozialen Management-Methoden unterschieden. Die Autoren sind sich zudem uneins, ob derartige Lerninhalte ihren Platz in der Grundausbildung oder Weiterbildung finden sollten (vgl. Burmeister 1998; Thiel 1998).

Eine Einbeziehung von mehr Wissen über Ehrenamtliche in die Grundausbildung ist m.E. jedoch nicht möglich. Die professionelle soziale Arbeit bedient sich verschiedener Elemente aus diversen Professionen und das Berufsfeld der sozialen Arbeit ist ähnlich weiträumig. Aus diesem Grund nimmt die Vermittlung diverser Theorien und Methoden anderer Professionen bereits einen großen Teil des Studienvolumens ein. Ein spezielles Eingehen auf das Ehrenamt würde diesen Umfang lediglich vergrößern und womöglich dem Herausbilden eines beruflichen Selbstverständnisses entgegenstehen. Da das Ehrenamt mit der beruflichen sozialen Arbeit eng zusammenhängt, kann des Weiteren davon ausgegangen werden, dass grundsätzliche Informationen über das Ehrenamt mit der Historie und Professionalisierung der sozialen Arbeit transportiert werden können.

Wichtiger für die Grundausbildung ist hingegen die Herausbildung eines beruflichen Selbstbewusstseins und die Vermittlung bestimmter Methoden (vgl. Otto-Schindler 1996). Dabei sollten auch Methoden des sozialen Managements vermittelt werden, m.E. jedoch vor dem Hintergrund einer theoretischen Wissensbasis und nicht in dem Ausmaß, wie es z.B. von Müller-Kohlenberg (1994) gefordert wird (vgl. Jakob 1995; Kapitel 3.3).

Wichtiger erscheint vielmehr die Beachtung eines geeigneten Theorie-Praxis-Bezuges, der auch den Grad der Absorption fremder Wissensbestände und Methoden zur erfolgreichen Arbeit immer wieder neu austarieren kann (Otto-Schindler 1996). Als weiteres Qualifikationsmoment müsste sich daraus eine Beurteilungskompetenz im Hinblick auf Gesamtzusammenhänge entwickeln. Es geht demnach nicht darum, alles Wissen in die Grundausbildung zu legen, sondern die Kompetenz zur kritischen Einschätzung verschiedener Problemlagen sowie komplexer und gesamtgesellschaftlicher Zusammenhänge über einen geeigneten Theorie-Praxis-Bezug zu vermitteln (vgl. Otto-Schindler 1996). Folglich sind für speziellere Probleme weitere Fortbildungen notwendig, die außerhalb der Grundausbildung platziert sind. Für diese Form sprechen des Weiteren die Erkenntnisse des ‚lebenslangen Lernens‘ und der gesunkenen Wissenshalbwertzeit. Jakob/Olk fassen dies wie folgt zusammen:

> „Ihre Identität als Professionelle basiert sowohl auf fachlichem Wissen, das verschiedenen Disziplinen entnommen wurde, als auch auf der besonderen Fähigkeit der Perspektivenübernahme, die in der Berücksichtigung der Sinnhorizonte der Ehrenamtlichen...ihren Ausdruck findet. Vor dem Hintergrund ihrer fachlichen Kompetenzen und ihrer berufsbiographischen Entwicklung sind die Professionellen in der Lage, fremde Sinnressourcen in den Blick zu nehmen und zu verstehen. Ihre Haltung ist durch Akzeptanz und Offenheit gegenüber den Sinnbezügen und Handlungsorientierungen der Ehrenamtlichen gekennzeichnet." (Jakob/Olk 1995, 22f).

Eine derartige professionelle Haltung zu entwickeln ist jedoch, wie die defizitären Untersuchungsergebnisse diesbezüglich aufzeigten, nicht einfach (vgl. Otto-Schindler 1996). Vor diesem Hintergrund ist die von einigen Autoren geforderte Verkürzung der Grundausbildung unverständlich (vgl. Rauschenbach 1992).

Otto-Schindler verweist zudem auf die Bedeutung der qualitativen Sozialforschung und der lebensweltorientierten sozialen Arbeit um den Theorie-Praxis-Bezug herzustellen und damit zur Professionalisierung der sozialen Arbeit beizutragen:

> „Wichtig ist dabei, dass berufliche HelferInnen ihr berufliches Wissen und Können, das sie während der Ausbildung erworben haben, selbstbewusst in der Sozialen Arbeit einsetzen. Die Professionalisierung sozialer Berufe lässt sich durch eine Verbindung der Kompetenzen in der qualitativen Sozialforschung, in der lebensweltorientierten Sozialen Arbeit und im sozialen Management vorantreiben." (Otto-Schindler 1996, 170).

In Bezug auf die Integration von Ehrenamtlichen in eine Institution verweisen Badelt (1999) und Bauer (1998b) auf die Probleme, die sich daraus für das Personalmanagement ergeben, da Ehrenamtliche in der Lage sind,

„...weitaus unabhängiger, autonomer und ‚eigensinniger' zu arbeiten als die erwerbstätigen Beschäftigten. Daraus ergeben sich schwierige Anforderungen an das Management, das in der Regel nur eines gelernt hat, nämlich Arbeitnehmer als abhängig Beschäftigte zu motivieren und zu kontrollieren." (Bauer 1998b, 5). An dieser Stelle besteht demnach Informationsbedarf über die Motive und Kompetenzen der Ehrenamtlichen. Einer Betrachtung als Laienzuarbeiter muss entgegengewirkt werden (Otto-Schindler 1996; Kapitel 4.3).

4.3 Förderung des Ehrenamtes durch Professionelle der sozialen Arbeit

Eine entscheidende Rolle nehmen bei der Förderung der ehrenamtlichen Arbeit die mit ihnen zusammenarbeitenden professionellen Hauptamtlichen ein. Sie müssen gewährleisten, dass die Möglichkeiten und Grenzen der ehrenamtlichen Arbeit respektiert werden. Eine drohende Instrumentalisierung oder unzureichende Rahmenbedingungen müssen von ihnen erkannt und thematisiert werden (vgl. Kapitel 3.3 und 4.2). Als Ausführende der institutionellen Konzepte müssen sie diese anerkennen und eine indirekte Förderung und gute Kooperation mit Ehrenamtlichen sicherstellen (vgl. Sturzenhecker 1997). Allerdings wurde in Kapitel 3.3 gezeigt, dass diese Kooperation oft sehr konfliktbehaftet verläuft. Die Konflikte haben ihren Ursprung in fehlenden Abgrenzungen, mangelnder Kommunikation, einer Klientifizierung und Abwertung der Ehrenamtlichen mitbedingt durch eine Statusunsicherheit der Berufsrolle der Professionellen. „Strukturen zur Kooperation und transparenten Aufgabenverteilung, wie auch zur Reflexion der Arbeit fehlen." (Otto-Schindler 1996, 164).

Aus diesem Grund sind zum einen die Träger der sozialen Arbeit sowie die Ausbildungsinstitutionen gefragt, die zu einer Änderung der Haltung gegenüber Ehrenamtlichen und damit zu einer geeigneteren Kooperation beitragen können (vgl. Kapitel 4.2). Dabei wird die Arbeit mit Ehrenamtlichen wohl nie ganz konfliktfrei sein, eine Verbesserung und ein konstruktiver Umgang mit diesen Konflikten sollte dennoch angestrebt werden (vgl. Otto-Schindler 1996). Eine wichtige Voraussetzung ist auch hier, dass die Förderung auf institutioneller Ebene sowie staatlicher Ebene gewährleistet ist und geeignete Arbeitsbedingungen für die berufliche soziale Arbeit vorliegen. Denn „zur Entfaltung dieser Kompetenzen sollten entsprechende institutionelle Rahmenbedingungen vorhanden sein, da ansonsten die Gefahr besteht, strukturelle Mängel zu personalisieren." (Otto-Schindler 1996, 165). Neben der Förderung des Ehrenamtes dürfen die Klienten jedoch nicht aus den Augen verloren werden, ihre Anliegen haben Vorrang (vgl. Notz 1987).

Für eine geeignete Kooperation von Ehren- und Hauptamtlichen liegen verschiedene Vorschläge vor, die sich jedoch sehr ähneln. Die Ängste der Professionellen vor einer Substitution oder Aberkennung ihrer Professionalität durch den Einsatz von Ehrenamtlichen sollten dabei Beachtung finden (vgl. Wessels 1994). Modelle, die die Anleitung und Betreuung der Ehrenamtlichen durch Ehrenamtliche vorsehen, sind m.E. nicht geeignet, da es hier zu sich negativ auswirkenden Hierarchien unter den Ehrenamtlichen kommen kann und diese Aufgabe nicht den Kompetenzen und Motiven der Ehrenamtlichen entspricht. Die Gefahr einer Instrumentalisierung und Überforderung der Ehrenamtlichen ist demnach zu groß (vgl. Kapitel 2.6 und 3). Ebenso wäre denkbar, dass Probleme aufgrund der fehlenden professionellen Kompetenz nicht erkannt werden und sich aus diesem Grund potenzieren oder zu nicht erstrebenswerten Abhängigkeiten führen (vgl. Backes u.a. 1995; Badelt 1999). Empfehlenswerter ist hingegen der Vorschlag von Notz, Gruppen von Ehrenamtlichen zu bilden, die gegenseitig eine Art kollegiale Supervision betreiben und mit einem Hauptamtlichen in Verbindung stehen (vgl. Notz 1987). In diesem Fall kommt es zu einer Kooperation einerseits zwischen den Ehrenamtlichen und andererseits mit dem Hauptamtlichen, die eine Mitbestimmung der Ehrenamtlichen und eine Unterstützung der Hauptamtlichen gewährleistet, ohne eine Hierarchie zu provozieren (vgl. Notz 1987).

Da eine gelungene Zusammenarbeit für die Förderung des Ehrenamtes jedoch elementar ist, werde ich im folgenden Modelle der Zusammenarbeit darstellen und anschließend noch einmal speziell auf die Punkte Aktivierung, Begleitung und Kooperation mit Ehrenamtlichen eingehen.

Müller-Kohlenberg/Kardorff/Kraimer beschreiben drei Modelle der Zusammenarbeit, die sie als substitutives, komplementäres und supplementäres Modell bezeichnen (Müller-Kohlenberg/Kardorff/Kraimer 1994, 146ff).

Im substituiven Modell wird die hauptamtliche Arbeit durch die Ehrenamtliche ersetzt. Dieses Modell findet nach ihnen kaum Anklang, ist höchstens im Selbsthilfebereich zu finden und geschieht dort aus Überzeugung oder aufgrund unzureichender Hilfen. Dennoch konnte in Kapitel 3.3 aufgezeigt werden, dass es auch Tendenzen der Substitution, vor allem vor dem Hintergrund leerer Kassen, gibt. Und selbst Müller-Kohlenberg wird an anderer Stelle unterstellt, dass sie in der Einzelfallhilfe die hauptamtliche Arbeit durch die genauso geeignete Ehrenamtliche ersetzen will (vgl. Jakob 1995). Jedoch insistiert sie auf eine Verschiebung der Arbeitsbereiche der sozialen Arbeit in Richtung soziales Management (vgl. Müller-Kohlenberg 1994).

Im komplementären Modell arbeiten haupt- und ehrenamtliche Helfer in allen Bereichen dicht zusammen, es bestehen kaum Unterschiede. Müller-Kohlenberg/Kardorff/Kraimer (1994) monieren den mangelnden Gestaltungsspielraum der Ehrenamtlichen in diesem Modell und empfehlen aus diesem Grund das supplementäre Modell. Eine derartige Zusammenarbeit würde neben den unterschiedlichen Kompetenzen auch die Unterschiede, die die Bezahlung ausmacht, negieren. So stellt z.B. Bauer fest:

> „So ‚zukunftsoffen' sich der Begriff des Ehrenamts einerseits darstellt, so gegenwartsblind sind die meisten der Diskurse über Ehrenamtlichkeit und bürgerschaftliches Engagement. Obwohl Arbeit als Erwerbsarbeit den zentralen, alles bestimmenden Vergesellschaftungsmodus darstellt, wird dem grundsätzlichen Unterschied zwischen erwerbstätiger und freiwilliger Arbeit keine Bedeutung beigemessen." (Bauer 1998b, 4f; vgl. auch Kapitel 3.2 und 3.3)

Im supplementären Modell werden hingegen von den Ehrenamtlichen nur solche Aufgaben übernommen, die zwar zu einem vollständigen Versorgungsangebot gerechnet werden können, die aber aus zeitlichen Gründen nicht von den professionellen bezahlten Kräften übernommen werden können. Hierbei handelt es sich um „...Gespräche, Training von Alltagskompetenzen, psychischen Stabilisierung, Beratung, Freizeitgestaltung, Spielen mit Kindern, Entwicklungsförderung, Zuhören, Gewährung und Vermittlung von sozialem Kontakt, ‚Hoffnung machen', Spazierengehen und die Organisation von Lebensnotwendigkeiten." (Müller-Kohlenberg/Kardorff/Kraimer 1994, 148). In diesem Modell lassen sich die Aufgaben relativ klar voneinander abgrenzen.

Müller-Kohlenberg/ Kardorff/Kraimer (1994) wollen allerdings die gesamte Einzelfallhilfe dem Ehrenamt übertragen und die Schwerpunkte der professionellen Arbeit in den Bereich des Sozialmanagements verlagern, so dass es zu einer ‚Triangulation' der Hilfe, bestehend aus Sozialarbeiter, Klient und Ehrenamtlichen kommt. Was die Verlagerung der Schwerpunkte der professionellen Hilfe angeht, schließe ich mich jedoch der Kritik an Müller-Kohlenberg (1994) von Jakob an (vgl. auch Kapitel 3.3):

> „Ich stimme also mit H. Müller-Kohlenberg überein, wenn es um eine Stärkung der Position Ehrenamtlicher und um ‚die Notwendigkeit einer Kooperation zwischen Professionellen und Ehrenamtlichen' geht. Allerdings halte ich den Vorschlag einer prinzipiellen Übertragung der Einzelfallarbeit auf Ehrenamtliche für problematisch, da dabei die spezifischen Rahmenbedingungen in den jeweiligen Arbeitsfeldern und die Anforderungsstruktur der Fallarbeit nicht genügend beachtet werden." (Jakob 1995, 6).

Gegen eine Abgrenzung der verschiedenen Bereiche und Kompetenzen sowie einer stärkeren Orientierung an Managementaufgaben ist demnach nichts einzuwenden, jedoch ist das Ehrenamt mit der Übernahme des komplexen Bereichs der Einzelfallhilfe überfordert (vgl. Jakob 1995; Backes u.a. 1995). Zu präferieren ist vielmehr eine offene und akzeptierende professionelle Haltung, die sich nicht in Diffusion verliert. Sie ist „durch eine weitgehende Berücksichtigung der biographischen Erfahrungen und der

Sinnressourcen der ehrenamtlich Tätigen gekennzeichnet." (Jakob/Olk 1995, 21), die ihrerseits eine Instrumentalisierung in der Einzelfallhilfe ausschließt.

Weitere Punkte, die in der professionellen sozialen Arbeit im Umgang mit Ehrenamtlichen Beachtung finden müssen, werden im folgenden darge- stellt. Ich beziehe mich dabei hauptsächlich auf die Konzepte von Müller- Kohlenberg/Kardorff/Kraimer (1994) und Otto-Schindler (1996). Dissens- momente werden gesondert herausgestellt.

Aktivierung

Bisher noch nicht ehrenamtlich Tätigen soll durch hauptamtliche Kräfte der Zugang zum Ehrenamt erleichtert werden. Müller-Kohlenberg/Kardorff/ Kraimer (1994) schlagen dazu eine Orientierung an den von ihnen heraus- gearbeiteten Motivationstypen vor. Diese Einteilung erscheint mir jedoch wenig sinnvoll, da sie nur bedingt auf die Unterschiede der einzelnen Per- sonen und ihrer Motive eingeht. Bereits in Kapitel 3.1 wurde die indirekte Förderung favorisiert, diese verlangt ein individuelles Eingehen der Haupt- amtlichen auf potentiell Interessierte und eine Berücksichtigung ihrer Stär- ken und Schwächen. Dabei sollte unterschieden werden nach Motiven, Alter, Interessen, Geschlecht, sozialer Herkunft und dem individuellen Hilfestil. Es handelt sich demnach um eine Differenzierung, die zum Handwerkszeug der Professionellen gezählt werden kann (vgl. Jakob/Olk 1995). Des Weiteren muss eine Einbindung in die Institution und eine geeignete Öffentlichkeitsarbeit vorhanden sein, um Ehrenamtliche gewin- nen und auch halten zu können. Ebenso sollten Informationsabende und Seminare angeboten werden, in deren Anschluss Gespräche stattfinden. Durch eine derartige individuelle Ansprache können neue Ehrenamtliche gewonnen werden.

Auch an dieser Stelle gilt, dass die auf langfristige Sicht effektivste Art neue Ehrenamtliche zu gewinnen, der Aufbau auf bestehende Ressourcen - in diesem Fall Beziehungen - ist, anstatt durch großangelegte Werbekam- pagnen alle und niemanden anzusprechen (vgl. Kapitel 4.2). Ohnehin wer-

den die meisten Ehrenamtlichen durch Mund-zu-Mund-Propaganda gewonnen und diese kann lediglich durch eine geeignete Öffentlichkeitsarbeit
und vor allem zufriedene und engagierte Ehrenamtliche beeinflusst werden.
Von daher sind indirekte Förderungswege obligat (vgl. Müller-Kohlen-
berg/Kardorff/Kraimer 1994; Kapitel 3.1). Diese können unter anderem in
einer geeigneten Kooperation mit anderen Institutionen und Gruppen vor
Ort liegen, da auch auf diesem Wege neue Ehrenamtliche gewonnen werden können (vgl. Kapitel 4.2). Die Möglichkeiten der Gewinnung neuer
Ehrenamtlicher halten sich insgesamt jedoch in Grenzen, da weder über die
Zahlen potentiell interessierter Personen Einigkeit besteht, noch alle Personen mit Zeitressourcen, wie z.B. Arbeitslose, Interesse an einer ehrenamtlichen Arbeit haben (vgl. Kapitel 2.6). Aus diesem Grund sollte m.E. mehr
auf die Qualität als auf die Quantität der Einbindung ehrenamtlicher Mitarbeiter geachtet werden. Denn auch in diesem Punkt verlangen Ehrenamtliche Partizipation (vgl. Notz 1987).

Begleitung

Für eine geeignete Förderung des Ehrenamtes spielt die Akzeptanz der
ehrenamtlichen Arbeit durch Hauptamtliche und die Institutionen eine
wichtige Rolle. Müller-Kohlenberg/Kardorff/Kraimer (1994) stellen heraus, „...dass Werte wie Selbstbestimmung und Eigenverantwortung sowie
Anerkennung und Ernstgenommenwerden durch Professionelle einen
wichtigen Anreiz zum Dabeibleiben darstellen. Kritik an Professionellen
richtet sich hier oft dagegen, verplant zu werden, oder aber nicht ernstge-
nommen zu werden." (Müller-Kohlenberg/Kardorff/Kraimer 1994, 139).
Ebenso müssen der eigene Stil und die unterschiedlichen Kompetenzen der
Ehrenamtlichen Beachtung finden. „Die Anerkennung dieser spezifischen
Fähigkeiten verlangt allerdings von den Professionellen ein hohes Maß an
persönlichem Selbstbewusstsein und Selbstreflexion, um dieses anzuerken-
nen und zuzulassen." (Müller-Kohlenberg/Kardorff/ Kraimer 1994, 139f).
Folglich müssen, damit eine Frustration der Ehrenamtlichen vermieden
werden kann, die Erwartungen und Wünsche auf beiden Seiten genannt und
miteinander in Einklang gebracht werden. Es ist wichtig, die Kommunika-

tion nicht abbrechen zu lassen und die Wünsche der Ehrenamtlichen nach Möglichkeiten der Partizipation, Transparenz und Offenheit umzusetzen. Dabei sind Ängste des ‚Überflüssigwerdens' auf Seiten der Hauptamtlichen unbegründet, da Ehrenamtliche eine diese Punkte beachtende Führung nicht ablehnen (vgl. Otto-Schindler 1996). Auch Jakob/Olk (1995) verweisen auf die genannte positive Art der Einbindung Ehrenamtlicher (vgl. auch Kapitel 4.2).

An verschiedenen Stellen taucht jedoch eine defizitorientierte Sicht auf Ehrenamtliche auf, die nicht die geeigneten Voraussetzungen für die Ausübung eines Ehrenamtes mitbringen würden. Dies wird zum einen von interviewten Professionellen konstatiert (vgl. Wessels 1994) und führt zu einer Klientifizierung der Ehrenamtlichen, und zum anderen von Autoren für Fördermaßnahmen des Ehrenamtes (vgl. Böhle/Kratzer 1998) und führt entweder zu einer Auswahl oder Qualifizierung der Ehrenamtlichen. Dabei ist beides m.E. abzulehnen, auch in der von Müller-Kohlenberg/Kardorff/ Kraimer vorgeschlagenen Form der Selbstauswahl Ehrenamtlicher. In diesem Konzept sollen die Ehrenamtlichen nach einer Probezeit selbst prüfen, ob sie die notwendige Kontinuität und Qualifikation mitbringen.

Jedoch kann davon ausgegangen werden, dass jeder, der sich engagieren will, auch gewisse Kompetenzen besitzt (vgl. Notz 1987). Diese zu erkennen und bestmöglichst zu fördern ist m.E. Aufgabe der begleitenden Hauptamtlichen. Ebenso sollte eine Vorbereitung und Einführung in die Tätigkeit nur in dem Rahmen geschehen, wie es die Ehrenamtlichen nach den Vorschlägen des Hauptamtlichen wünschen. Auf keinen Fall sollte die Teilnahme an einer Qualifizierungsmaßnahme jeglicher Art zur Zugangsvoraussetzung werden (vgl. Kapitel 3.2; Willems 1997). Eine von den Ehrenamtlichen geforderte Einführung kann hingegen bei schwierigen Betreuungen eine Veranstaltung sein, in der mögliche Ängste und Erwartungen besprochen werden oder auch eine Begleitung zum Erstkontakt, wenn der Ehrenamtliche in der betreffenden Institution (z.B. einem Krankenhaus) noch nicht bekannt ist (vgl. Notz 1987).

Die weitere Begleitung der Ehrenamtlichen kann in verschiedenen Formen erfolgen: Als Supervision, gesellige Runde, Fortbildung, Erfahrungsaustausch, Einzelgespräch sowie Mischformen. Auch hier sollte auf die Persönlichkeit der Ehrenamtlichen eingegangen werden sowie auf Gruppenstrukturen, Themen und Entwicklungsstadien der Arbeit und die unterschiedlichen zeitliche Ressourcen der Ehrenamtlichen (vgl. Otto-Schindler 1996). Die Begleitung der Ehrenamtlichen durch die Hauptamtlichen darf dabei nicht aufdringlich sein, sie muss jedoch eine gewisse Regelmäßigkeit, auch im Austausch der Ehrenamtlichen untereinander, erkennen lassen (vgl. Notz 1987). Notz macht dazu im Hinblick auf eigenständige Treffen der Ehrenamtlichen folgenden, meiner Ansicht nach treffenden, Vorschlag:

> „Die inhaltliche Gestaltung der Gruppenabende oder –nachmittage sollte bestehen aus: der Regelung der organisatorischen Notwendigkeiten und Regularien und dem Austausch von Informationen; der Diskussion von Problemen, die sich aus den Arbeitsbereichen ergeben, und Problemen der ehrenamtlich Arbeitenden untereinander bzw. mit den Hauptamtlichen; der gemeinsamen Diskussion von übergreifenden Problembereichen, die sich aus den Problemdiskussionen ergeben haben. Solche Diskussionen sollten von einzelnen Ehrenamtlichen vorbereitet werden. Referenten von außen sollten erst dann angesprochen werden, wenn die Gruppe dies für notwendig hält. Eine Überfrachtung mit theoretischen Referaten, die einen Bezug zur praktischen Arbeit nur schwer erkennen lassen, ist in keinem Fall sinnvoll." (Notz 1987, 196).

Demnach lassen sich folgende Schwerpunkte bei der Begleitung der Ehrenamtlichen durch Hauptamtliche feststellen (vgl. auch Otto-Schindler 1996, 168f):

* Entscheidungskompetenzen und Aufgabenbefugnisse müssen eindeutig verteilt werden, um einer Statusunsicherheit entgegenzuwirken.

* Vorstellungen über die Zusammenarbeit müssen gemeinsam entwickelt werden. „Berufliche HelferInnen sollten dabei ihre Aufgabenbereiche, die eine Zusammenarbeit mit Ehrenamtlichen betreffen, strukturiert darlegen und Abgrenzungen sowie Überschneidungen aufzeigen." (vgl. Otto-Schindler 1996, 168)

- Erfahrungen und Probleme müssen thematisiert werden, hierbei sind Einzelgesprächen hilfreich.

- Ehrenamtliche müssen an Entscheidungen, die ihren Bereich betreffen konstruktiv beteiligt werden.

- Es müssen regelmäßige Treffen mit Hauptamtlichen stattfinden, um Informationen zu geben und Organisatorisches zu regeln

- Themen dürfen nur von beteiligten Ehren- und Hauptamtlichen vorgeschlagen werden, Referenten nur aufgrund eines Vorschlags von Ehrenamtlichen eingeladen werden

- Qualifizierungsmaßnahmen dürfen nur auf Wunsch der Ehrenamtlichen erfolgen und keine Eingangsvoraussetzung darstellen. „Diese Forderungen begründe ich damit, dass erstens vor allem eine Weiterbildung Ehrenamtlicher als ‚Hilfssozialarbeiter' vermieden werden muss. Zweitens könnte durch eine theoretische Überfrachtung Ehrenamtlicher deren ‚situative Kompetenz' verloren gehen." (Otto-Schindler 1996, 169).

- Ehrenamtliche sollten dazu angeregt werden, über ihre Arbeit zu berichten, da dadurch Rückschlüsse auf die soziale Arbeit möglich sind.

Kooperation

An dieser Stelle soll noch einmal darauf hingewiesen werden, dass auch die Betroffenen nach Möglichkeit in die Hilfeplanung miteinbezogen werden müssen (vgl. z.B. Otto-Schindler 1996).

Um eine geeignete Förderung des Ehrenamtes gewährleisten zu können, muss auch bei den Institutionen Aufklärungs- und Überzeugungsarbeit geleistet werden. Die Hauptamtlichen sollten zu Fortbildungsveranstaltungen und Diskussionsrunden eingeladen werden, um die Frage der ehrenamtlichen Mitarbeit nicht nur offiziell und oberflächlich gutzuheißen, sondern auch konkrete Fördermaßnahmen im vorgestellten Rahmen aufgreifen und in die Institutionen tragen zu können (vgl. Müller-Kohlen-

berg/Kardorff/Kraimer 1994). Wenn bei diesen Maßnahmen auch Ehrenamtlichen mitwirken, können eventuell bestehende Konflikte bearbeitet
und gelöst werden (vgl. Notz 1987).

4.4 Zusammenfassung

Eine Förderung des Ehrenamtes, die eine Instrumentalisierung desselben in den erörterten Dimensionen ausschließt, erfordert Maßnahmen auf drei Ebenen.

Von staatlicher Seite muss auf eine finanzielle und gesetzliche Förderung geachtet werden, die die notwendigen Rahmenbedingungen für Institutionen und Professionelle in der Zusammenarbeit mit Ehrenamtlichen garantiert, zu einer Anerkennung des Ehrenamtes in der Gesellschaft beiträgt, und eine differenzierte Forschung ermöglicht.

Bei den Institutionen der Wohlfahrtspflege muss die Zusammenarbeit mit Ehrenamtlichen fester Bestandteil des Gesamtkonzeptes werden, bei dem die unterschiedlichen Kompetenzen der Helfergruppen Beachtung finden. Aufgrund dessen müssen personelle, finanzielle und infrastrukturelle Bedingungen bereitgestellt werden und einer Partizipation der Ehrenamtlichen sowie einer Öffnung der Institution muss zugestimmt werden. In den Ausbildungsinstitutionen muss auf ein ausgewogenes Theorie-Praxis-Verhältnis sowie die Entwicklung eines beruflichen Selbstbewusstseins geachtet werden. Speziellere Methoden und weiterführendes Wissen hat seinen Platz in Fortbildungsmaßnahmen.

Die mit den Ehrenamtlichen zusammenarbeitenden professionellen Hauptamtlichen müssen die Kompetenzen der Ehrenamtlichen anerkennen und eine geeignete Kooperation gewährleisten, bei widrigen Rahmenbedingungen müssen sie auf diese hinweisen. Die Aufgaben der Hauptamtlichen liegen in der Aktivierung und Begleitung der Ehrenamtlichen, die eine Mitarbeit der Ehrenamtlichen einschließt ohne sie zu vereinnahmen, sowie einer Kooperation mit anderen Einrichtungen, Interessensgruppen und der Einbeziehung der Klienten. Dabei ist auf eine Regelmäßigkeit der Treffen und eine individuelle Ansprache zu achten.

Bei der Umsetzung dieser Empfehlungen sollte auf vorhandene Ressourcen aufgebaut werden, da gänzlich neue Methoden und Konzepte auf Ablehnung stoßen und ihre Etablierung einen immensen Kräfteaufwand bedeuten, während positive Effekte bereits bestehender Konzepte an den Rand gedrängt werden.

5. Schlusswort

Das Ehrenamt ist ein aktuelles und vieldiskutiertes Thema. Dementsprechend vielzählig sind die Positionen in der Debatte um das Ehrenamt. Trotz
der zahlreichen Publikationen fällt es jedoch schwer, sich ein konkretes
Bild über die das Ehrenamt betreffende Debatte zu machen. Das liegt zum
einen daran, dass Ergebnisse im Bezug auf das Ehrenamt nur punktuell
vorliegen und dennoch für Positionierungen in der Debatte um das Ehrenamt herangezogen werden. Und zum anderen daran, dass sich hinter der
Debatte um das Ehrenamt tiefergehende Diskussionen verbergen. So geht
es hier um sozialpolitische, arbeitsmarktpolitische, geschlechtspolitische
und professionspolitische Auseinandersetzungen, bis hin zu verschiedenen
Menschenbildern. Aus diesem Grund fällt es schwer, Fakten und Meinungen auseinander zudividieren.

Die Frage, ob die von mir bearbeiteten Erwartungen an das Ehrenamt erfüllt werden können, muss vor diesem Hintergrund gesehen werden. Denn
es handelt sich um normative Entscheidungen, ob das Ehrenamt einen
Garanten für Gemeinsinn, eine Alternative zur Erwerbsarbeit oder eine
Möglichkeit der Einsparung durch Ersetzung hauptamtlicher Stellen darstellt.

Ich bin der Meinung, dass sich das Ehrenamt, zwar nur bedingt, aber immerhin, auch für diese Erwartungen instrumentalisieren lässt. Die negativen Auswirkungen einer derartigen Instrumentalisierung sind jedoch ge-
samtgesellschaftlich m.E. nicht zu akzeptieren. Diese Meinung wird auch
von vielen Autoren vertreten, obwohl es prominente Autoren gibt, die die
Auswirkungen für unumgänglich halten. An dieser Stelle sei auf den Bericht der Kommission für Zukunftsfragen der Freistaaten Bayern und Sachsen verwiesen, der eine größere Spaltung der Arm-Reich-Verteilung für
unumgänglich sieht.

Die an das Ehrenamt herangetragenen Erwartungen können demnach nicht befriedigend vom Ehrenamt erfüllt werden. Es bedarf vielmehr differenzierterer und weitreichenderer Konzepte, um die mit diesen Erwartungen verbundenen Probleme lösen zu können. Für den Wandel der Solidaritätsformen müssen neue geeignete öffentliche Räume gefunden werden, um die neuen Formen der Solidarität zur Entfaltung zu bringen. Es muss respektiert werden, dass die Familie einen geringeren Stellenwert einnimmt und der der Freunde zunimmt. An dieser Stelle könnten z.b. städteplanerische Konzepte und eine veränderte Schulpädagogik ansetzen. Wichtig ist, dass jeder einzelne Verantwortung für sich und seine Umwelt übertragen bekommt und damit nicht alleine gelassen wird. Folglich müsste sich die Politik ändern und transparenter werden.

Auch für das Problem der Arbeitslosigkeit bedarf es weitreichenderer Konzepte. Dabei gibt es genug Arbeit und lediglich die Erwerbsarbeit geht aus. Es dürfen m.E. aber nicht diejenigen, die im Arbeitsmarkt nicht mehr benötigt werden, für soziale und ökologische Reparaturarbeiten, die aus diesem System der Arbeit entstehen, herangezogen werden. Vielmehr muss die gesamte Arbeit, d.h. die Erwerbsarbeit, Hausarbeit und ehrenamtliche Arbeit, auf alle in gleichen Maßen verteilt werden. Demnach müssen mehr Männer Haus- und Sorgearbeiten übernehmen und mehr Teilzeitmodelle präferiert werden, um die geringer werdende Erwerbsarbeit zu verteilen. Eine primäre Ausrichtung auf den Menschen und nicht den Gewinn in der Produktion ermöglicht zudem neue Arbeitsplätze. An dieser Stelle sehe ich jedoch noch einen großen Diskussionsbedarf, da die verschiedenen Modelle noch sehr unausgereift erscheinen und demnach auf Kritik stoßen. Erfolgreiche Modellprojekte stimmen jedoch positiv (z.B. Domäne Mechthildshausen).

Damit die an das Ehrenamt gestellten Erwartungen erfüllt werden können, bedarf es demnach weitreichenderer Konzepte, dennoch vermittelt auch das Ehrenamt unter bestimmten Voraussetzungen positive Effekte für die beschriebenen Problemkonstellationen. Demnach kann das Ehrenamt eine Form darstellen, Gemeinsinn in der Bevölkerung zu vermitteln, es kann eine sinnstiftende Tätigkeit darstellen und es kann eigene Kompetenzen und Möglichkeiten in die professionelle soziale Arbeit tragen, die ansonsten in dieser Art nicht durchführbar oder bezahlbar wären. Damit es zu diesen positiven Effekten kommt, bedarf es allerdings der bereits erwähnten Voraussetzungen. Bei diesen Voraussetzungen handelt es sich um geeignete Rahmenbedingungen, einer geeigneten Förderung und Einbindung in die Institution sowie einer geeigneten Zusammenarbeit mit den hauptamtlichen professionellen Helfern.

Die genannten Voraussetzungen werden jedoch größtenteils nicht gewährleistet. Es kommt immer noch zur Instrumentalisierung von Ehrenamtlichen oder zu deren Ablehnung. Aufgrund der positiven Effekte des Ehrenamtes ist m.E. jedoch eine Förderung, die die genannten Voraussetzungen beachtet, zu präferieren. Konzepte zur Förderung des Ehrenamtes auf der Grundlage dieser Erkenntnisse, liegen jedoch nur begrenzt vor. Aus diesem Grund wurde im vierten Kapitel ein derartiges Konzept erarbeitet.

Bei der Förderung des Ehrenamtes sind dabei die drei Ebenen des Staates, der Institutionen und der Professionellen zu beachten. Von staatlicher Seite muss eine finanzielle und administrativ-organisatorische Förderung gewährleistet werden, wobei plakative Methoden auszuschließen sind, der Schwerpunkt muss vielmehr in einer indirekten, langfristigen Bereitstellung von Rahmenbedingungen liegen. Aber auch die Institutionen der Träger der sozialen Arbeit müssen für geeignete Rahmenbedingungen sorgen. Das Ehrenamt muss fester Bestandteil des Grundkonzepts werden und es müssen genaue Aufgaben- und Rollenzuweisungen vorliegen, damit es nicht zu Konkurrenzsituationen zwischen den hauptamtlichen und den ehrenamtlichen Helfern kommt. Für die Zusammenarbeit mit Ehrenamtlichen müssen ebenso von den Institutionen personelle, finanzielle und infrastrukturelle Ressourcen zur Verfügung gestellt werden. Aber auch über die eigene Institution hinaus müssen Kooperationen mit anderen Einrichtungen und Interessensgruppen stattfinden, sowie eine geeignete Öffentlichkeitsarbeit betrieben werden. Dadurch entsteht die Chance einer Öffnung der

Institution, die der eigenen Legitimation und Arbeit dient und auch die an einer ehrenamtlichen Arbeit interessierten Personen zur Institution hinführt.

Um eine bessere Zusammenarbeit von ehrenamtlichen Helfern und hauptamtlichen Professionellen erreichen zu können, muss auf Seiten der Professionellen ein berufliches Selbstbewusstsein vorhanden sein. Dieses auszubilden ist eine der Aufgaben der Ausbildungsinstitutionen für soziale Arbeit. Eine Verlagerung der professionellen sozialen Arbeit von der Einzelfallhilfe zum sozialen Management erachte ich als gefährlich, da das Ehrenamt mit der Übernahme des komplexen Bereichs der Einzelfallhilfe überfordert ist. Gewisse soziale Managementkompetenzen gehören jedoch zur professionellen sozialen Arbeit hinzu und sind zumindest am Fachbereich Sozialpädagogik der Fachhochschule Frankfurt erlernbar. Wichtig ist jedoch die Einbettung in ein handlungsleitendes Wissen, das zum größten Teil anderen Disziplinen entnommen wurde. Aufgrund dieser Spezifitäten der sozialen Arbeit sind m.E. Vorschläge, die Ausbildung zu verkürzen, abzulehnen. Dagegen sollte der Theorie-Praxis-Bezug eine noch stärkere Beachtung finden und lediglich spezielle thematische und methodische Elemente in der Weiterbildung vermittelt werden. Dementsprechend müssen Koordinatoren für Ehrenamtlichkeit die Möglichkeit der Weiterbildung bekommen, um sich über neuste Erkenntnisse informieren und austauschen zu können.

Zur Förderung des Ehrenamtes müssen die Professionellen der sozialen Arbeit die eigenen Kompetenzen der Ehrenamtlichen anerkennen und eine Partizipation der Ehrenamtlichen an den sie betreffenden Bereichen zulassen. Hauptamtliche Professionelle müssen auf eine konstruktive Zusammenarbeit hinwirken, ohne die Ehrenamtlichen zu überfordern oder zu verdrängen. Dabei müssen die jeweiligen Kompetenzen und Aufgaben klar verteilt sein und es muss auf regelmäßige Treffen zur Absprache und Klärung auftretender Probleme geachtet werden. Dabei kann ehrenamtliche Arbeit von den Qualifikationen der Professionellen genauso profitieren, wie die hauptamtliche Arbeit von den Ehrenamtlichen profitiert, da sie durch die Ehrenamtlichen Rückwirkungen auf ihre Arbeitsweise erhält.

Entscheidend ist jedoch bei allen Empfehlungen zur Förderung des Ehrenamtes, dass eine Instrumentalisierung ausgeschlossen wird, da m.E. die negativen Folgen einer solchen Instrumentalisierung in Form von Ausbeutung und Diskriminierung, einer erstrebenswerten Zukunft entgegenstehen. Viele der vorliegenden neueren Konzepte und Publikationen lassen jedoch eine derartige Entschiedenheit gegenüber Instrumentalisierungen sowie eine differenziertere Betrachtungsweise des Themas vermissen. Folglich geht es nicht nur um die konkreten Strategien zur Förderung des Ehrenamtes, sondern auch um die dahinterliegenden Visionen. Diese sollten jedoch, um zu einem positiven Zukunftsbild zu gelangen, kritisch hinterfragt werden, ob sie nicht zu Ausgrenzungen führen und aus diesem Grund auf Ablehnung stoßen.

Es geht demnach um die Entwicklung von Zukunftsvisionen, die einer kritischen Hinterfragung standhalten. Diese Entwicklung sollte gefördert werden und kann Teil des Diskurses über das Ehrenamt sein. Denn nur aufgrund dieser positiven Visionen kann eine Einbindung des Ehrenamtes ohne die Gefahr einer Instrumentalisierung gelingen. Dass eine derartig gelungene Einbindung möglich ist, konnte ich bei diversen Praktika erfahren. Jedoch muss eine fruchtbare Einbindung des Ehrenamtes immer wieder neu überprüft und ausgehandelt werden. An dieser Stelle fallen den Professionellen der sozialen Arbeit wichtige Aufgaben zu.

6. Literaturverzeichnis

Alheit, Peter (1994): Die Fragilität des Konzepts ‚Zivilgesellschaft'. In: Das Argument 206/94, S.599-607.

Backes, Gertrud (1987): Frauen und soziales Ehrenamt – Zur Vergesellschaftung weiblicher Selbsthilfe. Augsburg 1987.

Backes, Gertrud (1989): Soziales Ehrenamt – Alternative für Frauen in der Krise? In: Theorie und Praxis der sozialen Arbeit 3/89, S. 107-112.

Backes, Gertrud u.a. (1995): Die Arbeit mit dem Faktor Sympathie – Sozial Extra-Umfrage: Sind ehrenamtliche und professionelle Arbeit gleich effektiv? In: Sozial Extra 4/95, S. 8-13.

Badelt, Christoph (1999): Ehrenamtliche Arbeit im Nonprofit Sektor. In: Badelt, Christoph: Handbuch der Nonprofit Organisation – Strukturen und Management. Stuttgart (2. überarbeitete und erweiterte Aufl.) 1999.

Bäcker, Gerhard / Klammer, Ute (1998): Niedriglöhne und Bürgerarbeit als Strategieempfehlungen der Bayerisch-Sächsichen Zukunftskommission. In: WSI Mitteilungen 6/98, S. 359-370.

Barabas, Friedrich K. (1999): Beratungsrecht – Ein Leitfaden für Beratung, Therapie und Krisenintervention. Frankfurt am Main 1999.

Bauer, Rudolph (1998a): Macht das Ehrenamt arbeitslos? Oder hilft das Ehrenamt neue Arbeitsplätze zu schaffen? In: Sozial Extra 10/98, S.2.

Bauer, Rudolph (1998b): Ehrenbeamte, Freiwillige und Bürgerarbeiter. Über Ursprung, Politische Ökonomie und Aktualität des Ehrenamtes. In: Sozial Extra 10/98, S. 3-7.

131

Bauer, Rudolph (1998c): Ein Familiendrama – Kommentar zum Verhältnis von Sozialer Arbeit und Sozialem Ehrenamt. In: Sozial Extra 10/98, S. 13.

Beck, Ulrich (1997): Erwerbsarbeit durch Bürgerarbeit ergänzen. In: Kommission für Zukunftsfragen der Freistaaten Bayern und Sachsen: Erwerbstätigkeit und Arbeitslosigkeit in Deutschland. Entwicklung, Ursachen und Maßnahmen. Teil 3: Maßnahmen zur Verbesserung der Beschäftigungslage. Bonn 1997.

Beck, Ulrich (1998): Das Demokratie-Dilemma im Zeitalter der Globalisierung. In: Aus Politik und Zeitgeschichte B38/98, S. 3-11.

Beher, Karin / Liebig, Reinhard / Rauschenbach, Thomas (1998): Das Ehrenamt in empirischen Studien – ein sekundäranalytischer Vergleich. Stuttgart, Berlin, Köln 1998.

Bendele, Ulrich (1988): Soziale Hilfen zu Discountpreisen. Unbezahlte Ehren-Arbeit in der Grauzone des Arbeitsmarktes. In: Müller, Siegfried / Rauschenbach, Thomas (Hrsg.): Das soziale Ehrenamt. Nützliche Arbeit zum Nulltarif. Weinheim und München 1988, S. 71-86.

Blandow, Jürgen (1997): Zur neueren ‚Ehrenamtsdebatte‘ – Ein Entblätterungs-Versuch. In: Nakos-Extra 28/97, S. 26-31.

Blanke, Karen / Ehling, Manfred / Schwarz, Norbert (1996): Zeit im Blickfeld. Ergebnisse einer repräsentativen Zeitbudgeterhebung, Band 121 der Schriftenreihe des BMFSFJ. Stuttgart, Berlin, Köln 1996.

Bock, Theresa (1997): Ehrenamtliche/freiwillige Tätigkeit im sozialen Bereich, in: Deutscher Verein für öffentliche und private Fürsorge (Hrsg.): Fachlexikon der sozialen Arbeit, Frankfurt am Main (4. Aufl.) 1997, S. 241-244.

Böhle, Fritz / Kratzer, Nick (1999): Ehrenamt als Arbeit – Eine Betrachtung ehrenamtlicher Tätigkeit aus arbeitssoziologischer Sicht. In:

Kistler, Ernst / Noll, Heinz-Herbert / Priller, Eckhard (Hrsg.): Perspektiven gesellschaftlichen Zusammenhalts – Empirische Befunde, Praxiserfahrungen, Meßkonzepte. Berlin 1999, S. 275-290.

Braun, J. / Röhrig, P. (1987): Praxis der Selbsthilfeförderung. Das freiwillige soziale Engagement am Beispiel von vier Städten. Frankfurt a.M. 1987.

Brenner, Gerd / Hafeneger, Benno (Hrsg.) (1996): Pädagogik mit Jugendlichen. Weinheim und München 1996.

Brockhaus (1989): Enzyklopädie in vierundzwanzig Bänden, Band 8. Mannheim (19. Aufl.) 1989.

Bundesministerium für Familie, Senioren, Frauen und Jugend (BMFSFJ) (1996): Ehrenamtliche Tätigkeit und ihre Bedeutung für unsere Gesellschaft: Antwort der Bundesregierung auf die Große Anfrage der Bundestagsfraktionen von CDU / CSU und FDP. Bundestagsdrucksache 13/5674. Erschienen als Broschüre Qs8 vom BMFSFJ, Bonn 1996.

Burmeister, Joachim (1998): Qualifizierung zur Engagementförderung und Selbsthilfeunterstützung in Fachhochschulen. In: Braun, Joachim / Klemmert, Oskar (Red.): Selbsthilfeförderung und bürgerschaftliches Engagement in Städten und Kreisen – Fachtagung des BMFSFJ am16./17. Februar 1998 in Bonn (ISAB-Schriftenreihe Nr. 54). Köln, Leipzig 1998, S. 158-168.

Deutscher Bundesjugendring (Hrsg.) (1997): Reden ist Silber, Schweigen ist Schrott – Handbuch zur Öffentlichkeitsarbeit. O.O. (Votum-Verlag) 1997.

Dingeldey, Irene (1997): Bürgerschaftliches Engagement als „neue" Form der Solidarität? In: Gegenwartskunde 2/97, S. 175-188.

Eberhard, Angela (1999): Hilfe für andere und Orientierung für sich selbst. Das freiwillige soziale Jahr – Lernarrangement für bürgerschaftliches Engagement. In: Sozialmagazin (24. Jg.) 3/99, S. 37-41.

Engels, Dietrich (1991): Soziales, kulturelles, politisches Ehrenamt – Sekundäranalyse einer Befragung zu ehrenamtlicher Mitarbeit und Selbsthilfe. Köln 1991.

Erlinghagen, Marcel u.a.(1998): „Bürgerarbeit": Kein sinnvoller Weg zur Reduzierung der Arbeitslosigkeit. In: Wochenbericht des DIW 4/98, S. 82-85.

Evers, Adalbert (1999): Verschiedene Konzeptionalisierungen von Engagement. Ihre Bedeutung für Analyse und Politik. In: Kistler, Ernst / Noll, Heinz-Herbert / Priller, Eckhard (Hrsg.): Perspektiven gesellschaftlichen Zusammenhalts. Empirische Befunde, Praxiserfahrungen, Meßkonzepte. Berlin 1999, S.53-66.

Fink, Ulf (1990): Die neue Kultur des Helfens. Nicht Abbau, sondern Umbau des Sozialstaats. München 1990.

Forrester, Viviane (1997): Der Terror der Ökonomie. Wien 1997.

Fuchs, Susanne / Offe, Claus (1998): Zurück in die Zukunft – Stellungnahmen zum dritten Bericht der Miegel-Kommission: Wie schöpferisch ist die Zerstörung? In: Blätter für deutsche und internationale Politik 3/98, S. 295-300.

Fuchs, Werner u.a. (1978): Lexikon zur Soziologie. Opladen (2. Aufl.) 1978.

Gaskin, Katharine / Smith, Justin Davis / Paulwitz, Irmtraut (1996): Ein neues bürgerschaftliches Europa: Eine Untersuchung zur Verbreitung und Rolle von Volunteering in zehn Ländern. Freiburg im Breisgau 1996.

Giddens, Antony (1997): Jenseits von Links und Rechts. Frankfurt am Main 1997.

Gitter, Wolfgang (1997): Gutachten Ehrenamt und Arbeitslosigkeit. In: http://www.ehrenamt.de/sec4/item3d.htm, vom 7.12.1999[43].

Graf Strachwitz, Rupert (Hrsg.) (1998): Dritter Sektor – Dritte Kraft: Versuch einer Standortbestimmung. Düsseldorf 1998.

Günther, Michael (1997): Über den vergeblichen Versuch, sich an einem Feuer zu wärmen, dessen Flammen nahezu erloschen sind – Kritik der Widersprüche des Kommunitarismus. In: SWS-Rundschau (37. Jg.) 3/97, S. 325-334.

Haines, Elisabeth (1998): Ehrenamt in der öffentlichen Diskussion. In: Recht der Jugend und des Bildungswesens 3/98, S. 303-311.

Heinze, Rolf G. / Olk, Thomas (1999): Vom Ehrenamt zum bürgerschaftlichen Engagement. Trends des begrifflichen und gesellschaftlichen Strukturwandels. In: Kistler, Ernst / Noll, Heinz-Herbert / Priller, Eckhard (Hrsg.): Perspektiven gesellschaftlichen Zusammenhalts. Empirische Befunde, Praxiserfahrungen, Meßkonzepte. Berlin 1999, S. 77-100.

Heinze, Rolf G. / Strünck, Christoph (1999): Die freie Wohlfahrtspflege auf dem Prüfstand (VI): Das soziale Ehrenamt in der Krise – Wege aus dem Dilemma. In: Theorie und Praxis der Sozialen Arbeit 5/99, S. 163-168.

Hering, Sabine (1998): Zugluft für die soziale Arbeit – Weibliches Ehrenamt zwischen Elitedenken und Selbstausbeutung – Historische Entwicklungslinien zur Gegenwart und Zukunft. In: Sozial Extra – Le-

[43] Auf eine Aufnahme in den Anhang wurde verzichtet aufgrund des umfassenden Datenmaterials, die Texte können bei der Autorin oder den entsprechenden Institutionen recherchiert werden.

seprobe 10/98, http://www.sozialextra.com/les1098.htm vom 13.12.99[44].

Hieber, Astrid (1992): Der Wandel des Ehrenamts. In: Wege zum Menschen. Monatsschrift für Arzt und Seelsorger (44. Jg.) 1/92, S. 2-10.

Hradil, Stefan (1996): Eine Gesellschaft der Egoisten? Gesellschaftliche Zukunftsprobleme, moderne Lebensweisen und soziales Mitwirken. In: Gegenwartskunde (45. Jg.) 2/96, S. 268-296.

Hummel, Konrad (1995): Das bürgerschaftliche Engagement als Lernprojekt des Sozialstaates. In: Hummel, Konrad (Hrsg.): Bürgerengagement – Seniorengenossenschaften, Bürgerbüros und Gemeinschaftsinitiativen. Freiburg im Breisgau 1995, S. 14-41.

Igl, Gerhard (1996): Rechtsfragen des freiwilligen sozialen Engagements. Stuttgart, Berlin (2. Aufl.) 1996.

Immerfall, Stefan (1999): Sozialkapital in der Bundesrepublik – Thesen zu Konzept und Größenordnung. In: Kistler, Ernst / Noll, Heinz-Herbert / Priller, Eckhard (Hrsg.): Perspektiven gesellschaftlichen Zusammenhalts. Empirische Befunde, Praxiserfahrungen, Meßkonzepte. Berlin 1999, 121-130

Jakob, Gisela (1995): Zwischen Ehrenamt und Profession – Eine Replik auf H. Müller-Kohlenbergs Modell einer ‚neuen Professionalität in der Sozialarbeit'. In: Sozial Extra 4/95, S. 6-7.

Jakob, Gisela / Olk, Thomas (1995): Professionelles Handeln und ehrenamtliches Engagement – ein ‚neuer' Blick auf ein ‚altes' Problem. In: Sozialmagazin (20.Jg.) 3/95, S. 19-23.

---

[44] Auf eine Aufnahme in den Anhang wurde verzichtet aufgrund des umfassenden Datenmaterials, die Texte können bei der Autorin oder den entsprechenden Institutionen recherchiert werden.

Jugendwerk der Deutschen Shell (Hrsg.) (1997): Jugend '97 – Zukunfts-perspektiven, Gesellschaftliches Engagement, Politische Orientie-rungen. Opladen 1997.

Kettler, Ulrich (1997): Sparzwänge und Hoffnung auf Synergie – Institu-tionelle Integration der Unterstützung von Selbsthilfe, Ehrenamtlich-keit und Freiwilligenarbeit. In: Nakos Extra 11/97, S. 51-59.

Kistler, Ernst / Noll, Heinz-Herbert / Priller, Eckhard (Hrsg.) (1999): Perspektiven gesellschaftlichen Zusammenhalts. Empirische Befun-de, Praxiserfahrungen, Meßkonzepte. Berlin 1999.

Kistler, Ernst / Schäfer-Walkmann, Susanne (1999a): Garant für Ge-meinsinn oder gar soziales Kapital? Ehrenamtliches Engagement zwischen Über- und Unterforderung. In: Sozialmagazin (24. Jg.) 3/99, S. 48-56.

Kistler, Ernst / Schäfer-Walkmann, Susanne (1999b): Meßkonzepte der Kräfte zivilgesellschaftlichen Zusammenhalts – Einige Überlegun-gen und Anfragen zum Forschungsstand. In: Kistler, Ernst / Noll, Heinz-Herbert / Priller, Eckhard (Hrsg.): Perspektiven gesellschaftli-chen Zusammenhalts. Empirische Befunde, Praxiserfahrungen, Meß-konzepte. Berlin 1999, S. 21-42.

Kistler, Ernst / Schönwälder, Thomas (1998): Eliten und Heloten, herr-schen und dienen – Die rechtskonservativen Ideen der bayerisch-sächsischen Zukunftskommission. In: Soziale Sicherheit (47. Jg.) 4/98, S.122-133.

Klages, Helmut (1998): Engagement und Engagementpotential in Deutschland – Erkenntnisse der empirischen Forschung. In: Aus Po-litik und Zeitgeschichte B 38/98, S. 29-38.

Klages, Helmut (1999): Individualisierung als Triebkraft bürgerschaftli-chen Engagements. Empirische Fakten und Folgerungen. In: Kistler, Ernst / Noll, Heinz-Herbert / Priller, Eckhard (Hrsg.): Perspektiven gesellschaftlichen Zusammenhalts. Empirische Befunde, Praxiserfahrungen, Meßkonzepte. Berlin 1999, S. 101-112.

Körber, Klaus (1997): Bedrohen Freiwilligenarbeit, Ehrenamt und Selbsthilfe die professionelle Arbeit? Antworten aus der Sicht eines ‚Netzwerk'-Ehrenamtlichen. In: Nakos Extra 11/97, S. 32-41.

Kommission für Zukunftsfragen der Freistaaten Bayern und Sachsen (1996): Erwerbstätigkeit und Arbeitslosigkeit in Deutschland – Entwicklung, Ursachen und Maßnahmen, Teil 1: Entwicklung von Erwerbstätigkeit und Arbeitslosigkeit in Deutschland und anderen frühindustrialisierten Ländern. Bonn 1996.

Kommission für Zukunftsfragen der Freistaaten Bayern und Sachsen (1997a): Erwerbstätigkeit und Arbeitslosigkeit in Deutschland – Entwicklung, Ursachen und Maßnahmen, Teil 2: Ursachen steigender Arbeitslosigkeit in Deutschland und anderen frühindustrialisierten Ländern. Bonn 1997.

Kommission für Zukunftsfragen der Freistaaten Bayern und Sachsen (1997b): Erwerbstätigkeit und Arbeitslosigkeit in Deutschland – Entwicklung, Ursachen und Maßnahmen, Teil 3: Maßnahmen zur Verbesserung der Beschäftigungslage. Bonn 1997.

Leif, Thomas (1998): Unkonventionelle Beteiligungsformen und die Notwendigkeit der Vitalisierung der Bürgergesellschaft. In: Aus Politik und Zeitgeschichte B38/98, S. 12-19.

Lempp, Reinhart (1996): Die autistische Gesellschaft. Geht die Verantwortlichkeit für andere verloren? München 1996.

Müller-Kohlenberg, Hildegard (1988): Laienhilfe – die bessere Alternative? In: Müller, Siegfried / Rauschenbach, Thomas (Hrsg.): Das soziale Ehrenamt. Nützliche Arbeit zum Nulltarif. Weinheim und München 1988, S. 185-194.

Müller-Kohlenberg, Hildegard (1990): Die Kompetenz der Laien – Eine Herausforderung an die Theorien professionellen Helfens. In: Alisch / Baumert / Beck (Hrsg.): Professionswissen und Professionalisierung. Braunschweig 1990.

Müller-Kohlenberg, Hildegard (1994): Sozialarbeit: Künftig mehr Sozialmanager. Freiwilliges Engagement in der Sozialen Arbeit: Ehrenamtliche Arbeit ist nicht schlechter als professionelle. In: Sozial Extra 9/94, S. 15-17.

Müller-Kohlenberg, Hildegard / Kardorff, Ernst von / Kraimer, Klaus (1994): Laien als Experten. Eine Studie zum sozialen Engagement im Ost- und Westteil Berlins (Niedersächsische Beiträge zur Sozialpädagogik und Sozialarbeit; Band 12). Frankfurt am Main 1994.

Nörber, Martin (1997): Wo ist die Krise des Ehrenamtes? Befragung zu ehrenamtlichem Engagement in der Kinder- und Jugendverbandsarbeit. In: Jugendpolitik (23. Jg.) 1/97, S. 13-15.

Nörber, Martin (1999): Bürgerschaftliches Engagement, Ehrenamt, Freiwilligendienst, Freiwillig-soziales Engagement - oder was nun? In: Sozialmagazin (24. Jg.) 3/99, S.18-23.

Notz, Gisela (1987): Arbeit ohne Geld und Ehre - Zur Gestaltung ehrenamtlicher sozialer Arbeit. Opladen 1987.

Notz, Gisela (1997): Was ist Gemeinsinn? Feministische Reflexionen. In: Sozialmagazin (22. Jg.) 10/97, S. 27-33.

Notz, Gisela (1998a): Die neuen Freiwilligen: Das Ehrenamt – Eine Antwort auf die Krise? Neu-Ulm 1998.

Notz, Gisela (1998b): Was ist das neue Ehrenamt? In: Recht der Jugend und des Bildungswesens 3/98, S. 312-322.

Notz, Gisela (1998c): Die Arbeit der Frauen und ihre Zukunft – unter den Bedingungen von Globalisierung. In: Utopie kreativ 91-92/98, S. 14-29.

Offe, Claus (1999): „Sozialkapital" Begriffliche Probleme und Wirkungsweisen. In: Kistler, Ernst / Noll, Heinz-Herbert / Priller, Eckhard (Hrsg.): Perspektiven gesellschaftlichen Zusammenhalts: Empirische Befunde, Praxiserfahrungen, Meßkonzepte. Berlin 1999, S. 113-120.

Olk, Thomas (1987): Das soziale Ehrenamt. In: Sozialwissenschaftliche Literatur Rundschau 14/87, S. 84-101.

Olk, Thomas (1988): Zwischen Hausarbeit und Beruf. Ehrenamtliches Engagement in der aktuellen sozialpolitischen Diskussion. In: Müller, Siegfried / Rauschenbach, Thomas (Hrsg.): Das soziale Ehrenamt: nützliche Arbeit zum Nulltarif. Weinheim, München 1988, S. 19-36.

Olk, Thomas (1989): Vom „alten" zum „neuen" Ehrenamt. Ehrenamtliches soziales Engagement außerhalb etablierter Träger. In: Blätter der Wohlfahrtspflege 1/89, S. 7-10.

Olk, Thomas (1996): Ehrenamtliche Helfer. In: Kreft / Mielenz (Hrsg.): Wörterbuch soziale Arbeit. Weinheim u.a. (4.Aufl.) 1996,

S. 150-152.

Ottersbach, Markus / Yildiz, Erol (1997): Der Kommunitarismus: eine Gefahr für das Projekt der pluralistischen Demokratie? Zur Ausgrenzung ethnischer Minoritäten mit kommunitaristischen Argumenten. In: Soziale Welt 48/97, S. 291-312.

Otto-Schindler, Martina (1996): Berufliche und ehrenamtliche Hilfe. Osnabrück 1996.

Pankoke, Eckart (1988): „Ehre", „Dienst" und „Amt". Zur Programmgeschichte „ehrenamtlichen" Engagements. In: Müller, Siegfried / Rauschenbach, Thomas (Hrsg.): Das soziale Ehrenamt – nützliche Arbeit zum Nulltarif. Weinheim und München 1988, S. 207-222.

Paulwitz, Irmtraut (1988): Freiwillige in sozialen Diensten – Volunteers und Professionelle im Wohlfahrtssektor der USA. Weinheim und München 1988.

Rabe-Kleberg, Ursula (1988): Wenn der Beruf zum Ehrenamt wird. Auf dem Weg zu neuartigen Arbeitsverhältnissen in sozialen Berufen. In: Müller, Siegfried / Rauschenbach, Thomas (Hrsg.): Das soziale Ehrenamt. Nützliche Arbeit zum Nulltarif. Weinheim und München 1988, S. 87-102.

Rauschenbach, Thomas (1992): Soziale Arbeit und soziales Risiko. In: Gängler, Hans / Rauschenbach, Thomas (Hrg.): Soziale Arbeit und Erziehung in der Risikogesellschaft. Neuwied, Kriftel und Berlin 1992.

Rauschenbach, Thomas (1998): Die neue Kultur des Sozialen – Freiwilligenarbeit in einer modernen Gesellschaft. In: Jugendring Dortmund e.V.: Freiwillige Tätigkeit und gesellschaftliche Beteiligung. Münster 1998, S. 16-29.

Rauschenbach, Thomas (1999): „Ehrenamt" – eine Bekannte mit (zu) vielen Unbekannten. Randnotizen zu den Defiziten der Ehrenamtsforschung. In: Kistler, Ernst / Noll, Heinz-Herbert / Priller, Eckhard (Hrsg.): Perspektiven gesellschaftlichen Zusammenhalts. Empirische Befunde, Praxiserfahrungen, Meßkonzepte. Berlin 1999, S. 67-76.

Rauschenbach, Thomas / Müller, Siegfried / Otto, Ulrich (1988): Vom öffentlichen und privaten Nutzen des sozialen Ehrenamtes. In: Müller, Siegfried / Rauschenbach, Thomas (1988): Das soziale Ehrenamt – Nützliche Arbeit zum Nulltarif. Weinheim und München 1988, S. 223-242.

Reinert, Adrian (1997): Kommunitarismus: Mehr als nur gute Vorsätze? In: Nakos-Extra 28/97, S.14-24.

Rifkin, Jeremy (1995): Das Ende der Arbeit und ihre Zukunft. Frankfurt am Main, New York 1995.

Rosenbladt, Bernhard von (1999): Zur Messung des ehrenamtlichen Engagements in Deutschland – Konfusion oder Konsensbildung? In: Kistler, Ernst / Noll, Heinz-Herbert / Priller, Eckhard (Hrsg.): Perspektiven gesellschaftlichen Zusammenhalts. Empirische Befunde, Praxiserfahrungen, Meßkonzepte. Berlin 1999, S. 399-410.

Roth, Roland (1995): Kommunitaristische Sozialpolitik? Anmerkungen zur aktuellen Debatte über Professionalität und Ehrenamt in der Sozialpolitik. In: Forschungsjournal Neue Soziale Bewegungen (8. Jg.) 3/95, S. 44-53.

Sachße, Christoph (1988): Ehrenamtlichkeit, Selbsthilfe und Professionalität. Eine historische Skizze. In: Siegfried Müller, Thomas Rauschenbach (Hrsg.): Das soziale Ehrenamt. Nützliche Arbeit zum Nulltarif. Weinheim und München 1988.

Sass, Erich (1998): Schluß mit dem Ehrenamt – Von neuen Begriffen zu neuen Inhalten. In: Jugendring Dortmund e.V. (Hrsg.): Freiwillige Tätigkeit und gesellschaftliche Beteiligung. Münster 1998, S. 39-44.

Schumacher, Jürgen / Stier, Karin (1997): Anerkennung für das Ehrenamt – Anregungen für ein Programm sozialer Vergünstigungen auf kommunaler Ebene. Bonn 1997.

Schwarz, Norbert (1996): Ehrenamtliches Engagement in Deutschland – Ergebnisse der Zeitbudgeterhebung 1991/92. In: Wirtschaft und Statistik 4/96, S. 259-266.

Senatsverwaltung für Arbeit, Berufliche Bildung und Frauen (1998): Die Sackgassen der Zukunftskommission – Streitschrift wider die

Kommission für Zukunftsfragen der Freistaaten Bayern und Sachsen. Berlin 1998.

Stecker, Christina (1998): Vergütete Solidarität – Sozialpolitisch geförderter Beschäftigungspluralismus. In: Evangelische Akademie Bad Boll: Wirtschaft 2000-X: Wirtschaften mit Perspektive. Ein öffentliches Expertinnen – Gespräch. Bad Boll, Protokolldienst 8/98, S. 73-86.

Streng, Olaf (1997): Das Ehrenamt im Vergleich zwischen der Bundesrepublik Deutschland und den Vereinigten Staaten von Amerika: Unterschiede und Gemeinsamkeiten. Stuttgart 1997.

Sturzenhecker, Benedikt (1998): Für einen neuen Umgang mit neuen Freiwilligen – Wie sich Verbände und Organisationen verändern können. In: Jugendring Dortmund e.V. (Hrsg.): Freiwillige Tätigkeit und gesellschaftliche Beteiligung. Münster 1998, S. 30-37.

Thiel, Wolfgang (1998): Berufsbegleitende Fortbildung von Selbsthilfeunterstützern. In: Braun, Joachim / Klemmert, Oskar (Red.): Selbsthilfeförderung und bürgerschaftliches Engagement in Städten und Kreisen – Fachtagung des BMFSFJ am 16./17. Februar 1998 in Bonn (ISAB – Schriftenreihe Nr. 54). Köln, Leipzig 1998, S.169-180.

Ullrich, Otto (1993): Lebenserhaltende Tätigkeit jenseits der Lohnarbeit. In: Fricke, Werner (Hrsg.): Jahrbuch Arbeit und Technik. Bonn 1993, S. 84-98.

Wagner, Gert (1998): Zurück in die Zukunft – Stellungnahmen zum dritten Bericht der Miegel-Kommission: Soziale Abenteuer als Pseudoalternative. In: Blätter für deutsche und internationale Politik 3/98, S. 300-306.

Walzer, Michael (1995): Die Sozialisierung des Wohlfahrtsstaates als Zukunftsperspektive der Wohlfahrt. In: Hummel, Konrad (Hrsg.):

Bürgerengagement – Seniorengenossenschaften, Bürgerbüros und Gemeinschaftsinitiativen. Freiburg im Breisgau 1995, S. 42-56.

Wendt, Wolf Rainer (1993): Zielorientiert, aber ergebnisoffen – Professionelle Sozialarbeit muß sich zivilgesellschaftlich organisieren. In: Blätter der Wohlfahrtspflege 9/93, S. 262-266.

Wendt, Wolf Rainer (1995): Professionelle Sozialarbeit und freiwilliges Bürgerengagement sind kein Widerspruch. In: Blätter der Wohlfahrtspflege 9/95, S. 197-200.

Wendt, Wolf Rainer (1996): Zivilgesellschaft und soziales Handeln – Bürgerschaftliches Engagement in eigenen und gemeinschaftlichen Belangen. Freiburg im Breisgau 1996.

Wessels, Christiane (1994): Das soziale Ehrenamt im Modernisierungsprozess: Chancen und Risiken des Einsatzes beruflich qualifizierter Frauen. Pfaffenweiler 1994.

Wichterling, Christa (1998): Die globalisierte Frau – Berichte aus der Zukunft der Ungleichheit. Reinbek 1998.

Willems, Horst (1998): Aus- und Fortbildung für Freiwillige und Ehrenamtliche? – Polemische Anmerkungen zu einem weit verbreiteten Irrtum – In: Jugendring Dortmund e.V. (Hrsg.): Freiwillige Tätigkeit und gesellschaftliche Beteiligung. Münster 1998.

7. Abbildungsverzeichnis